König / Eisele (Hrsg.)

Handball unterrichten

HANDBALL
UNTERRICHTEN

Unterrichtseinheiten, Trainingsformen und Stundenbeispiele für Schule und Verein

Herausgegeben von Stefan König und Armin Eisele

Gesamtredaktion: Karen Zentgraf

Verlag Karl Hofmann

Die Deutsche Bibliothek – CIP Einheitsaufnahme

Handball unterrichten : Unterrichtseinheiten, Trainingsformen und Stundenbeispiele
für Schulen und Verein / hrsg. von Stefan König und Armin Eisele. – 3., unveränd. Aufl. –
Schorndorf : Hofmann, 2002
   ISBN 3-7780-7600-0

Bestellnummer 7603

© 1997 by Verlag Karl Hofmann, Schorndorf

3., unveränderte Auflage 2002

Skizzen: Peter Salzer
Fotos: Florian Moser, Hans-Jürgen Schutzbach, Jochen Maass
Titelbild: Peter Poller
Gesamtherstellung: Druckerei und Verlag Karl Hofmann, Schorndorf
Printed in Germany • ISBN 3-7780-7600-0

Inhaltsverzeichnis

Vorwort

Wer heutzutage über Handball spricht oder schreibt, wer Handball unterrichtet oder lehrt, der tut dies in der Regel mit Bezug zum modernen Hallenspiel. Feldhandball und auch das Spiel auf dem Kleinfeld gehören immer mehr der Vergangenheit an, und selbst wenn mit der Trendsportart „Beachhandball" einige wieder den Weg ins Freie suchen, wird Handball seit wenigstens 20 Jahren zum großen Teil in der Halle gespielt. Beginn dieser Entwicklung war die Entscheidung, das Spiel 1972 in den Kanon der Olympischen Spiele aufzunehmen und ihm dadurch zu einer relativ großen Popularität zu verhelfen. Auf diesem Weg hat das institutionalisierte Spiel mehrere Entwicklungsstufen durchlaufen, die für eine Betrachtung der Sportart Handball nicht unerheblich sind. Während vor dieser Zeit, also in den fünfziger und sechziger Jahren, Spiele des außerschulischen Sports aus pädagogischen und didaktischen Gründen keinen Platz in einer von bildungstheoretischer Didaktik geprägten Leibeserziehung hatten, wurden Sportarten des außerschulischen Sports mit dem ersten und zweiten Aktionsprogramm feste Inhalte des Schulsports, selbstverständlich mit all ihren Vorzügen und Problemen. Handball zeichnet sich unter diesen Gesichtspunkten als ein Spiel aus, das einerseits „Sport, Spiel, Spannung, Kampf, Bewegung und Spaß" (MÜLLER 1993, 91) beinhaltet, andererseits aber einige Jahre von einer überharten, ja geradezu brutalen Spielweise geprägt war (vgl. SPÄTE/KLEIN 1980; KÖNIG 1991). Eine einschneidende Regeländerung im Jahre 1981 war dann schließlich ein erfolgreicher Schritt, die Sportart für alle Bereiche des Sports zu retten. Seit diesem Zeitpunkt stehen Ziele wie Tempospiel, Kreativspiel und aktives, antizipierendes Abwehrverhalten wieder im Vordergrund und tragen dazu bei, das Handballspiel für Jugendliche attraktiver zu machen.

Will man Handball als Schulsportart erhalten, dann muß diese Sportart attraktiv angeboten werden, ohne dabei die aktuellen Prinzipien der Sportspielvermittlung zu verletzen. Da das Spiel selbst einen relativ hohen Aufforderungscharakter hat, wird die Art, wie es in Unterricht und Training vermittelt wird, zur zentralen Frage. Wer ein Spiel lernen will, der will dies vor allem durch Spielen tun, und er will an diesem Spielerlebnis Freude und Spaß haben. Übungstrott und Überforderungssituationen sollten deshalb im Sportspielunterricht der Schule und im Jugendtraining der Vereine Fremdwörter sein. Es sollte vielmehr in beiden Bereichen darum gehen, die Kinder und Jugendlichen durch Spielen für die Sportart Handball zu motivieren.

Zu dieser Zielsetzung will das vorliegende Buch einen Beitrag leisten, indem es unter der Leitidee der Spielfähigkeit konkrete Unterrichtseinheiten und Stundenbilder vorstellt. Dabei ist ein weiteres Ziel, dies für alle Klassenstufen zu tun; insofern richtet sich dieses Buch an alle Lehrerinnen und Lehrer von Klasse 1 bis 13. Selbstverständlich werden aber auch interessierte Trainerinnen und Trainer von Jugendmannschaften Material für ihre Trainingseinheiten finden. Diese doppelte Orientierung begründet letztendlich auch den Aufbau und die Struktur des Buches.

Didaktisch-methodischen Planungsschemata folgend wird deshalb in einem ersten Kapitel zunächst eine für beide Bereiche zentrale Leitidee, die *Spielfähigkeit,* beschrieben. Dem schließen sich *Überlegungen zur Vermittlung eines Sportspiels* unter besonderen Rahmenbedingungen an. Beide Aspekte münden schließlich in eine Analyse der derzeit gültigen *Lehrpläne der allgemeinbildenden Schulen* von Baden-Württemberg, die durch Zuordnung von ausgewählten Inhalten konkretisiert werden. Die Klammer dieses Theorieteils ist der *Vier-Stufen-Plan,* der Zielsetzung, Inhalte und Methoden in einem didaktischen Dreischritt verbindet und auch die Reihenfolge sowie die Inhalte der folgenden Kapitel vorgibt.

Abschnitt II befaßt sich folglich mit *Basisspielen* für die Grundschule. Mit ihnen sollen die Schülerinnen und Schüler eine *allgemeine Spielfähigkeit* erwerben, die als Grundlage für das Erlernen von Zielschußspielen angesehen wird. Handballtypisch an diesem Kapitel ist die Tatsache, daß als Ergänzung zu den Spielreihen *Wurfspiele* angeboten werden, deren Ziel es ist, die grundlegende Wurftechnik, den Schlagwurf, zu erlernen.

Kapitel III stellt mit seiner *Transferspielreihe* die Weichen in Richtung Handball und damit in Richtung einer *speziellen Spielfähigkeit.* Unter Hinzunahme des Torwurfes wird Schritt für Schritt ein Weg zum Handballspiel 4 plus 1 beschritten, der gleichzeitig eine Schnittstelle mit dem Vereins- bzw. Verbands-Handball darstellt. Handball 4 plus 1 stellt auch beim „Spielen und Üben mit Kindern" (DHB 1990) das erste Ziel dar.

Abschnitt IV setzt dort an, wo das vorangestellte Kapitel endet. Zum Zwecke der Weiterentwicklung der speziellen Spielfähigkeit in Abwehr und im Angriff werden in den Kapiteln 10 und 11 Unterrichtsreihen für das Kennenlernen der verschiedenen *Angriffspositionen* und das Erlernen der *Raumdeckung* vorgestellt. Methodisch erfolgt dies beide Male mit Hilfe von Grundspielen, die durch entsprechendes Technikvariationstraining (Kapitel 12) unterstützt werden.

Abschnitt V hat schließlich das Ziel, einfache, aber wichtige taktische Themen für Fortgeschrittene vorzustellen. Zielgruppen sind aus unserer Sicht die Kurse in der Oberstufe sowie B- und A-Jugendspielerinnen und -spieler, also eine Altersgruppe, die besonders durch die „drop-out-Problematik" geprägt ist. Gerade sie sollen durch ein besonderes Verständnis von Handball, nämlich der Spielidee des *Balleroberns,* des blitzschnellen *transitions* (Umschalten von Abwehr auf Angriff) und des *partner-unterstützten Positionsangriffs* begeistert werden. Um den Lehrerinnen und Lehrern den Zugang zum Handball als Unterrichtsinhalt zu erleichtern, rundet Kapitel 16 mit Vorschlägen zu Unterrichtsplanung und Notenfindung in der Oberstufe ab.

Um dieses Werk lesbar zu machen, war viel stilistische Feinarbeit notwendig. Ganz in diesem Sinne haben wir großen Wert darauf gelegt, Wiederholungen zu vermeiden. Wenn wir deshalb – ganz im Gegensatz zu diesem Vorwort – im folgenden Text von Lehrern, Trainern, Schülern, Spielern, usw. sprechen, sind selbstverständlich immer auch Lehrerinnen, Trainerinnen, Schülerinnen, Spielerinnen, usw. gemeint.

All denen, die sich für diesen Weg der Spielvermittlung zur Verbesserung ihrer Unterrichtspraxis entscheiden, können die Autoren und Herausgeber nur noch viel Spaß und viel Erfolg wünschen. Die Tatsache, daß alle Einheiten, alle Stundenbilder sowie alle Übungen und Spiele mehrfach in der Praxis erprobt worden sind, sei in diesem Zusammenhang noch am Rande erwähnt.

Tübingen, im September 1997

Armin Eisele und *Stefan König*

I.
Lehren und Lernen im Handball

1 Zur Leitidee der Spielfähigkeit

1 Ein kleiner Exkurs zum Begriff der Spielfähigkeit

Das Konstrukt Spielfähigkeit ist inzwischen zu einem ganz zentralen Begriff in der Sportspielvermittlung geworden. Über die Bedeutung existieren jedoch unterschiedliche Auffassungen. Sie stecken voller Widersprüche; haben *tausend Gesichter.* Wir müssen deshalb von einem mehrperspektivischen Verständnis von Spielfähigkeit ausgehen, auf das nun kurz eingegangen werden soll.

Für eine Reihe von Autoren ist die Nähe zum *Spiel-Erlebnis* von Bedeutung, einer sehr emotionalen „Eigenwelt mitten in Alltagswelten; uralt und ewig jung; schön, lustvoll und rauschhaft im Gelingen, und wenn es mißlingt, randvoll an Enttäuschung, Qual, Zweifel" (HAGEDORN 1987, 9). Andere betonen die kommunikative und interaktionistische Perspektive der Sportspiele, mit deren grundlegenden Merkmalen des Miteinander-Handelns und Gegeneinander-Spielens (vgl. Kap. 2). Wieder andere orientieren sich mehr an den individuellen und kollektiven Leistungsvoraussetzungen. Gemeint sind damit die psychischen, konditionellen, koordinativen und technisch-taktischen Anforderungen des Sportspiels (vgl. STIEHLER/KONZAG/DÖBLER 1988, 78).

Ein weiterer Aspekt dieses mehrperspektivischen Verständnisses ist die Unterscheidung in *allgemeine und spezielle Spielfähigkeit* (DIETRICH 1984, 19). Allgemeine Spielfähigkeit ist demnach die Fähigkeit, ein Spiel in Gang zu setzen, es in seinem Verlauf zu sichern und bei Störungen wiederherzustellen. Von spezieller Spielfähigkeit ist dann die Rede, wenn für ein bestimmtes Spiel Kenntnisse über Spiel-idee, Spielregeln, die notwendigen Fertigkeiten im Umgang mit dem Spielgerät und Erfahrungen in wichtigen Spielsituationen vorhanden sind. Beide Sichtweisen sind aber nicht unabhängig voneinander zu sehen, „denn nur wer sich am Spiel aktiv beteiligen, also mitspielen kann, trägt auch zur Aufrechterhaltung eines Spieles bei" (ADOLPH/HÖNL 1993, 23).

Unser Anliegen ist es, im folgenden zu klären, wie sich eine für das Handballspiel spezifische Spielfähigkeit in Anlehnung an diese unterschiedlichen Perspektiven näher bestimmen und vermitteln läßt. Dazu ist es notwendig, zuerst die wesentlichen Merkmale des Handballspiels aufzuzeigen.

2 Die Spielidee – charakteristische Merkmale des Handballspiels

Die spezielle Spielfähigkeit eines Handballspielers steht in engem Zusammenhang mit den Anforderungsmerkmalen, die durch die Spielstruktur (Spielidee) vorgegeben werden.

- Jede der beiden am Handballspiel beteiligten Mannschaften versucht, *selbst Tore mit der Hand zu erzielen und solche des Gegners zu verhindern* (vgl. STEIN/LANGHOFF/MEIER 1988, 326).

- Angriff und Abwehr sind im Spiel ständig wiederkehrende Grundsituationen. Sie laufen immer gleichzeitig ab, und zwar in der Weise, daß Angriffshandlungen der Mannschaft A immer mit Abwehrhandlungen der Mannschaft B korrespondieren und umgekehrt (vgl. CZWALINA 1984, 23).

- Zudem wird das Niveau des Spiels davon bestimmt, inwieweit Spieler bei sich ständig verändernden Situationen schnell und variabel, also situativ richtig, handeln können (vgl. KONZAG 1990, 52). Bezugssysteme sind dabei
  - die Mitspieler (Grundverhaltensweisen des Zusammenspiels),
  - die Gegenspieler (direkte Körperbehinderung) und
  - der Ball.
- Wesentlich sind die eigenen technisch-taktischen Fähigkeiten und Fertigkeiten:
  - Passen, Anspielen und Fangen – Ballannahme in der (Vorwärts-)Bewegung,
  - Wurfarten und Wurfvariationen,
  - Spiel 1 gegen 1 (Angriff und Abwehr),
  - Täuschungen.
- Das Spiel wird daneben durch Rahmenbedingungen bestimmt, wie (vgl. DÖBLER 1988, 15):
  - Spielraum (Spielfeld, Raum- und Positionsaufteilung),
  - Spielgerät (Größe, Gewicht, Beschaffenheit des Handballs),
  - Spielregeln.

3 Definition einer handball-spezifischen Spielfähigkeit

Aus den bisherigen Ausführungen wird deutlich, daß sich die Entwicklung einer handballspezifischen Spielfähigkeit an den wesentlichen Strukturmerkmalen des Handballspiels (an der Spielidee) zu orientieren hat. Es ergeben sich daraus zwangsläufig eine Fülle von Anforderungen, die an die Spieler gestellt werden. Dies kann dazu führen, unseren Blick weniger auf Einzelfähigkeiten zu richten, als vielmehr auf deren Zusammenwirken, also auf ganze Fähigkeitskomplexe (vgl.

KONZAG 1990, 52; SCHOCK 1990, 32). „Spielfähigkeit ist also keine Einzelfähigkeit und auch nicht eine einfache Summierung von Teilfähigkeiten, sondern eine sportspielspezifische Form der individuellen komplexen Handlungsfähigkeit" (DÖBLER/MAINKA/WITT 1989, 325). Wir meinen deshalb:

> **Merke:** Wer fähig ist, aktiv und erfolgreich am Handballspiel als Mit- und Gegenspieler teilzunehmen, indem er spieltypische Situationen und Spielvorgänge im Rahmen der Regeln technisch und spieltaktisch, individuell oder in Kooperation mit anderen bewältigt, sie emotional erlebt und mitgestaltet, besitzt die spezielle Spielfähigkeit eines Handballspielers.

Wir schlagen deshalb die folgende Systematik vor (vgl. KÖNIG 1996; 1997; vgl. Abb. 1):

- Wir wollen von einer *Spielfähigkeit im weiteren Sinne* sprechen, wenn die Fähigkeiten, ein Spiel in Gang zu setzen, es in seinem Verlauf zu sichern und bei Störungen wiederherzustellen, gemeint sind. Diese Art der Spielfähigkeit ist nicht an ein bestimmtes Sportspiel und sein Anforderungsprofil gebunden, sondern hängt in erster Linie von der pädagogischen Orientierung des Sportunterrichts ab.
- Der Begriff der *Spielfähigkeit im engeren Sinne* hingegen bezieht sich auf kognitive, konditionelle, technisch-taktische Fähigkeiten.

Im Bereich der *Spielfähigkeit im engeren Sinne* gilt es weiterhin, eine allgemeine von einer speziellen oder spezifischen Spielfähigkeit zu unterscheiden:

- *Allgemeine Spielfähigkeit* umschließt Fähigkeiten, die Grundlage für die Sportspiele schlechthin sind. Gedacht ist in diesem Zusammenhang an Antizipationsfähigkeit, peripheres Sehen, Orientierungsfähigkeit in komplexen Spielsituationen etc. Sie ist als Grundlage für die spezielle Spielfähigkeit zu betrachten und muß somit konsequenterweise erklärtes Ziel einer Spielvermittlung der Grundschule sein.

- Eine *spezielle oder spezifische Spielfähigkeit* hingegen bezieht sich ausschließlich und konkret auf ein bestimmtes Sportspiel mit all seinen konditionellen, vor allem aber technisch-taktischen Anforderungen.

indem man selbst spielt, ohne jedoch ganz auf das systematische Erlernen von Techniken zu verzichten" (KUHLMANN 1993, 122).

Allerdings ist dabei zu beachten, daß alle Perspektiven dieser Zielsetzung auch tatsächlich in den Unterrichtsprozeß einfließen. Dies bedeutet konkret, daß dem spielsportspezifischen Aspekt der Handlungsfähigkeit, die Spielfähigkeit im weiteren Sinne, als Unterrichtsziel in allen Klassenstufen im Sinne eines pädagogischen Prinzips ebenso Beachtung ge-

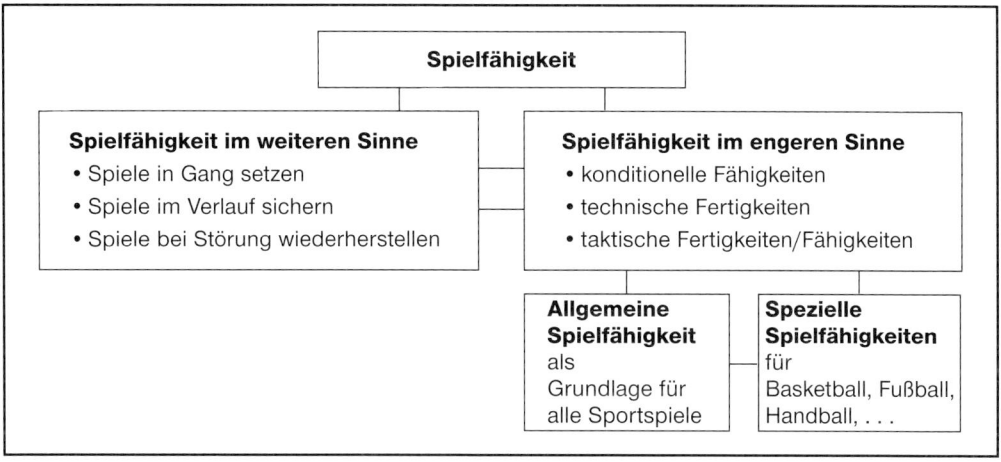

Abb. 1: Zur Struktur der Spielfähigkeit (vgl. KÖNIG 1996; 1997a)

Die Entwicklung der Spielfähigkeit ist damit die wichtigste Grundlage für ein wirksames Spielverhalten. Sie kann sich allerdings nur in der aktiven Auseinandersetzung mit spielspezifischen Anforderungen entwickeln (vgl. KONZAG 1990, 50). Die bisher in der Spielausbildung noch zu stark vorherrschende fertigkeitsorientierte Lehrmeinung mit teilweise isoliertem und von der Spielsituation abstrahiertem Techniktraining muß in eine an den komplexen Anforderungen des Wettkampfspiels ausgerichtete Methodik übergeführt werden (vgl. DÖBLER/MAINKA/WITT 1989, 323; KONZAG 1990, 56). Anders ausgedrückt: „Spielen lernt man am besten,

schenkt wird wie der Vermittlung koordinativer, technischer und taktischer Anteile einer Spielfähigkeit im engeren Sinne. Da eine Spielfähigkeit im engeren Sinne sich aus einer allgemeinen und einer speziellen Komponente zusammensetzt, hat dies weiterhin zur Konsequenz, daß der großen Bedeutung der spielübergreifenden Aspekte einer allgemeinen Spielfähigkeit Rechnung getragen und sie ebenfalls auf allen Klassenstufen in Form von unterschiedlichsten Parteiballspielen thematisiert wird. Allerdings wird ihr Anteil am Unterricht mit zunehmender Bedeutung der verschiedenen speziellen Spielfähigkeiten geringer, die wiederum in der Grundschule auf keinen Fall Gegenstand der Spielvermittlung sein dürfen (vgl. Tab. 1):

den Mit- **und** Gegenspieler, den Spielraum und das eigene Fertigkeitsniveau

Tabelle 1: Gewichtung der einzelnen Formen von Spielfähigkeit im Laufe einer Schülerlaufbahn

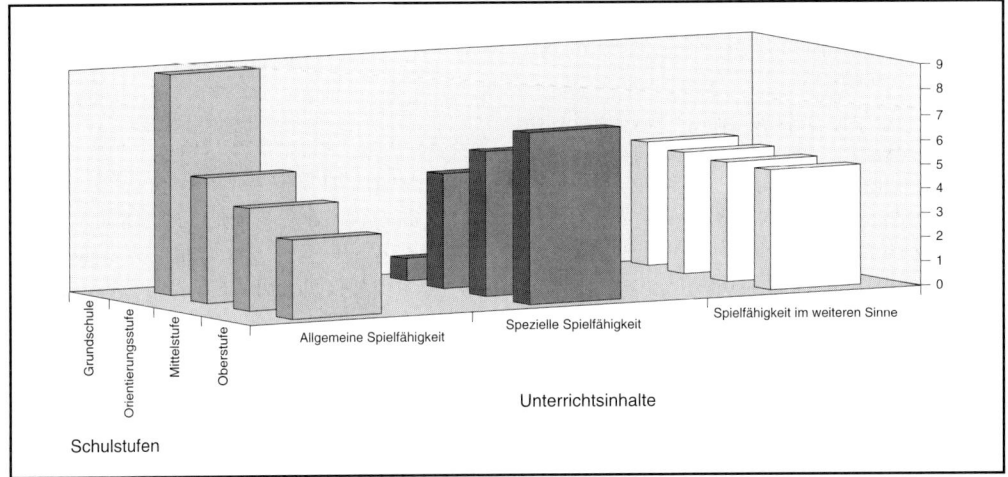

4 Konsequenzen für die Vermittlung von Spielfähigkeit

Handball unterrichten hat sich folglich verstärkt darauf zu besinnen, grundlegende Fähigkeiten wie

- **Wahrnehmen** (komplexe Spielsituationen schnell erfassen),
- **Entscheiden** (die entsprechende technische Fertigkeit auswählen) und
- **Handeln** (Fertigkeiten situativ richtig und variabel umsetzen)

in komplexen Situationen zu schulen. Solche Spielsituationen müssen auf den Ball,

ausgerichtet sein (vgl. KONZAG 1990, 56; ADOLPH/HÖNL 1993, 27).

Die folgende Rahmenkonzeption gibt einen Überblick darüber, wie Spielfähigkeit im Handball entwickelt werden kann und welche Teilaspekte dabei berücksichtigt werden sollten (vgl. ADOLPH/HÖNL 1993, 79 ff.; JEKER 1990, 43; KOHL 1990; KUHLMANN 1993; MARTIN 1994; EHRET/SPÄTE 1995; vgl. Abb. 2).

Bereich 1: Hier sollen die ersten (sportspielübergreifenden) Spielerfahrungen gemacht werden. Die Schwerpunkte liegen in der Vermittlung erster Grundprinzipien des Zusammenspiels, Freilaufens

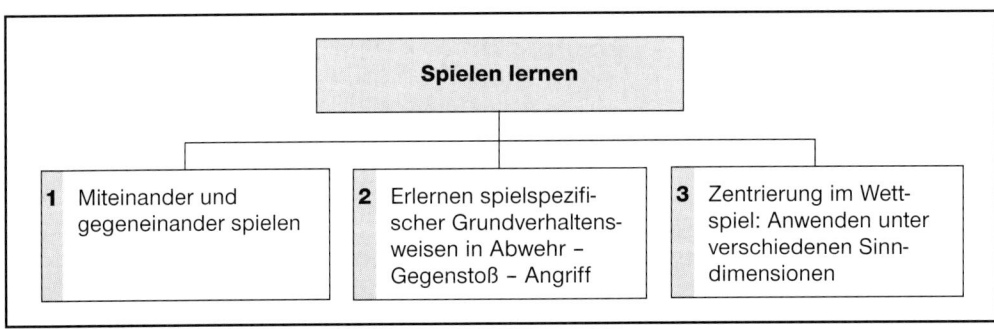

Abb. 2: Rahmenkonzeption zur Vermittlung von Spielfähigkeit

und Deckungsverhaltens. Dazu gehört aber auch das faire Verhalten gegenüber Mitspielern und Gegenspielern. „Besonders Spielanfänger müssen erst lernen, was es heißt, gemeinsam miteinander und/oder gegen Gegner zu spielen" (MARTIN 1994, 210).

Bereich 2: Der Schwerpunkt liegt hier im zielgerichteten gruppentaktischen Zusammenspiel in handballtypischen Standardsituationen, wie z. B. im Spiel 2 gegen 2 oder 3 gegen 3. Die Spieler sollen nach bestimmten Vorgaben (Auftakthandlungen, offensives Abwehrspiel, . . .) Torwurfmöglichkeiten situationsangemessen und unter Spielbedingungen herausspielen oder verhindern.

Bereich 3: Dieser Bereich beschreibt die Notwendigkeit der (Um-)Zentrierung bzw. Zielgruppenorientierung. Wer z. B. mit Schülern mit sehr unterschiedlichen Leistungsvoraussetzungen und Einstellungen Handball spielen will, wird sich darüber Gedanken machen müssen, wie er möglichst vielen seiner Schülern ein befriedigendes Spielerlebnis ermöglicht. Dabei kann eine *„(Um-)Zentrierung"* des Wettspiels helfen, das Spiel so zu erleichtern, daß ein Spielgeschehen in der Gruppe oder Mannschaft möglich ist. Man richtet dabei den Blick verstärkt auf den „Gehalt" des Handballspiels, also darauf, das Erleben des Gegeneinander- und Miteinanderspielens in den Mittelpunkt zu stellen (vgl. KOHL 1990, 42). An dem folgenden Schema lassen sich unterschiedliche „Sinndimensionen" gut erkennen.

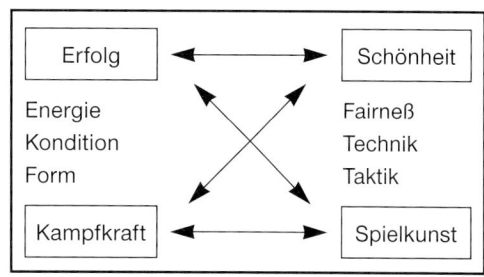

Abb. 3: Das ideale Spiel (KOHL 1990, 43)

Die Verbindungen zwischen den einzelnen Merkmalen verdeutlichen verschiedene Abhängigkeiten. So kann man etwa nach möglichen Zusammenhängen fragen von (vgl. KOHL 1990, 42):

- **Erfolg und Fairneß (z. B. kompromißlos auf Sieg spielen)**
- **Kampfkraft und Schönheit (z. B. in Schönheit sterben)**
- **Kondition und Technik (z. B. Krafthandball zeigen)**
- **Taktik und Schönheit (z. B. Hallenschach vorführen)**

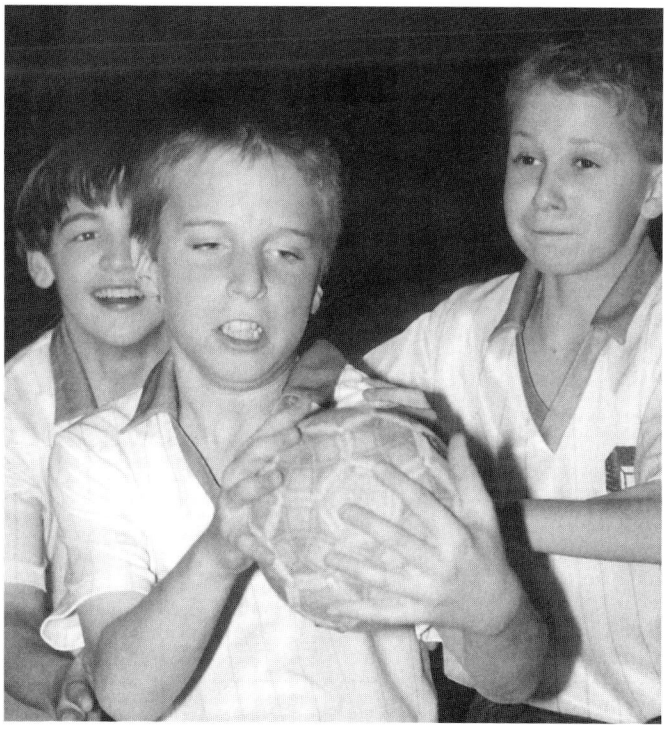

Ziel muß es sein, die Vermittlung des Handballspiels an unterschiedlichen Zielsetzungen auszurichten. „Ein Spiel, das zwar mit einem Ergebnis enden soll, aber in seiner Bewertung keinerlei Bedeutung aufweist, erfordert andere Kenntnisse, Fertigkeiten und Fähigkeiten, d. h. einen anderen Grad von Spielfähigkeit als ein Spiel, dessen Ergebnis eine Meisterschaft entscheidet ..." (SCHOCK 1990, 35).

Auf die Schulsituation übertragen, könnte der Gehalt des Handballspiels z. B. darin liegen, Erfolg und Fairneß so auszulegen, daß nicht das „kompromißlos auf Sieg spielen" im Vordergrund steht, sondern Zweikampfführung, Körpereinsatz und Spieldynamik auch Spielanfängern erlaubt mitzuspielen. Für die guten Spieler könnte der Reiz des Spiels beispielsweise auch darin bestehen, Mitspieler in günstige Wurfpositionen zu bringen.

5 Die Spielreihe als zentrales Mittel in der Spielvermittlung

Eine zentrale Rolle in der Spielvermittlung nimmt die Spielreihe ein. Ihr wesentlicher Bestandteil ist das Lösen und Erreichen von Spielaufgaben (vgl. INTERESSENSGEMEINSCHAFT KINDERSPORTSCHULE KISS 1994, 77). Sie reduzieren die Anforderungen des Zielspiels. Regeln werden vereinfacht, die Rahmenbedingungen erleichtert, die technischen und taktischen Fertigkeiten reduziert. Typisch ist auch, daß von Anfang an das Spielen im Mittelpunkt steht und trotz Vereinfachungen die Spielidee als „Kern" unverändert bleibt (vgl. KUHLMANN 1993, 117 ff.) Der Zweck der Spielreihe ist also *das Erlernen von Grundverhaltensweisen im Spiel selbst.*

Das heißt:

- **Transport eines Balles in ein bestimmtes Ziel**
  - der Ball kann dabei getragen, geprellt, zugespielt oder geworfen werden

- vertiefen und erweitern dieser technischen Fertigkeiten

- **Zusammenspiel fördern**
  - Blick für freie Mitspieler
  - gemeinsames Lösen einer Spielaufgabe

- **Orientierung in einem vorgegebenen Raum**
  - sich Freilaufen und Anbieten
  - ein Spielfeld mit/ohne Ball überwinden

- **Gegnerbehinderung**
  - auf sich verändernde Ball-, Mit- und Gegenspielerbewegungen reagieren oder diese antizipieren

- **Einhaltung von Spielregeln**
  - bezogen auf das Spielziel
  - bezogen auf das Spielen des Balles
  - bezogen auf das Verhalten zum Gegner
  - bezogen auf die zur Verfügung stehende Spielfläche.

In der Praxis lassen sich Spielaufgaben mit unterschiedlichen Schwerpunkten ausmachen. Für uns sind die Basisspiele sowie die Grund- und Sektorenspiele von Bedeutung (vgl. Kapitel 10), weniger das Spielen in Standardsituationen, wie z. B. das Spiel 1 gegen 0, 2 gegen 0, 1 gegen 1 und dergleichen. Dort werden zwar die notwendigen ball- und wurftechnischen Grundlagen gelegt und elementare individualtaktische Regeln vermittelt (Passen, Anspielen und Fangen – Ballannahme in der Vorwärtsbewegung – Wurfarten und Wurfvariationen – Spiel 1 gegen 1 in Angriff und Abwehr – Täuschungen). Für das Erlernen grundlegender Verhaltensweisen des Zusammenspiels in der Gruppe oder Mannschaft sind sie jedoch nur Mittel zum Zweck. Abbildung 4 unterstreicht die unterschiedliche Bedeutung dieser Aspekte für die Vermittlung von Spielfähigkeit.

Merke: Das gemeinsame Lösen einer Spielaufgabe ist ein zentraler Baustein des Handballunterrichts und des Handballtrainings in Schule und Verein. „Sie fördert das Spielverständnis, die Entscheidungsfähigkeit und den Spielwitz. Die Aufgabenstellung zielt auf das Spielverständnis hin und soll so erfolgen, daß die Lösung mehrere Varianten ermöglicht" (BAUMBERGER 1990, 7).

Schweizer Parteiball, Stangentorball, Rebounderball, Zahlenpassen, Aufsetzerball, Reifenball, Bankball, Indi-Ball, Fliesenball u. v. m.

Grund- und Sektorenspiele gelten als „Hauptstraße" zu einer handballspezifischen Spielfähigkeit. Es handelt sich dabei um vereinfachte Spiele mit dem Ziel, Torwurfgelegenheiten herauszuspielen (vgl. Bereich 2 der Rahmenkonzeption). Es werden daher ausschließlich Torwurfspiele angeboten. Auf eine nähere Be-

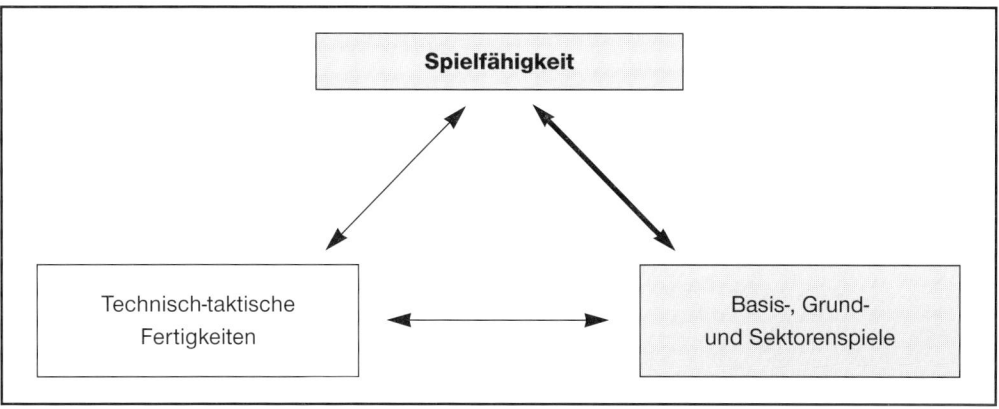

Abb. 4: Die Bedeutung technisch-taktischer Fertigkeiten und der Basis- und Grundspiele für die Vermittlung von Spielfähigkeit

Ein Basisspiel soll, was Spielidee, Grundsituationen und Spielhandlungsmöglichkeiten anbelangt, den aufgezeigten Strukturen des Handballspiels entsprechen. Die Spielidee als *„kleinste Ganzheit des Spiels"* (KUHLMANN 1993) soll dabei als Kern unverändert erhalten bleiben. Das Typische ist also, daß in der Spielform Angriffs-, Abwehr- und Gegenstoßelemente, wenn auch in reduzierter Form, enthalten sind. Im Vordergrund steht das Miteinander- und Gegeneinanderspielen. Der eigentliche Torwurf wird variiert (z. B. Ball ablegen) und erfolgt auf unterschiedliche Zielbereiche (z. B. auf Matten). Basisspiele lassen sich somit dem Bereich 1 der oben beschriebenen Rahmenkonzeption zuordnen. Beispiele hierfür sind:

schreibung soll jedoch an dieser Stelle verzichtet werden. Ihre Besonderheiten werden in Kapitel 10 ausführlich beschrieben.

Merke: Kleine „ortsgebundene" Spiele, wie Kreishetzball, Burgball, u. a., schulen zwar unbestritten den spielerischen Umgang mit dem Ball (Werfen und Fangen), sind aber ungeeignet, das Handballspiel in seiner Grundstruktur adäquat einzuführen. Sie sollten lediglich als Ergänzung und nicht als zentraler Baustein in der Vermittlung des Handballspiels angesehen werden.

2 Überlegungen zur Vermittlung eines Sportspiels: Der Vier-Stufen-Plan

1 Grundsätzliches zur Vermittlung von Sportspielen

Die Frage nach dem richtigen Weg in der Vermittlung eines Sportspiels ist so alt wie die Sportspiele selbst. Konzepte wurden entwickelt, erprobt, ausdifferenziert und von neuen Vorschlägen wieder verdrängt. Eines hatten sie jedoch gemeinsam: es ist Absicht aller Vermittlungsvorschläge, Handball Schülern so zu vermitteln, daß sie möglichst viel lernen und möglichst großen Spaß am Spiel haben. Die große Mehrzahl der Vermittlungskonzepte hatte das institutionalisierte Handballspiel als Ziel, nur wenige Ansätze orientierten sich an einem eher als soziogenetisch zu bezeichnenden Ansatz (vgl. RIGAUER 1977; LOIBL 1996), der über die Vermittlung von Spielen primär andere Ziele anstrebt. Handball sollte so vermittelt werden, daß Schüler am Ende eines Spiellehrgangs die Wettkampfform oder eine Vereinfachung derselben spielen können. Während in diesem Zusammenhang lange Jahre in der Sportspielvermittlung die Frage im Vordergrund stand, ob ein Spiel eher nach den Prinzipien des übungsgemäßen oder des spielgemäßen Konzepts vermittelt werden soll, stellt sich heute die Frage, wie ein Spiel so vereinfacht werden kann, daß zum einen die Spielidee im Kern erhalten bleibt, gleichzeitig aber das methodische Mittel der Spielreihe als Hauptstraße der Vermittlung eingesetzt werden kann (vgl. KUHLMANN 1993). Eine solche Zielsetzung ermöglicht grundsätzlich mehrere Vorgehensweisen, was in der neueren Fachliteratur auch entsprechend zum Tragen kommt (vgl. u. a. SINGER 1984; DHB 1990;

EMRICH 1995). Allerdings wird in den meisten Fällen zwischen den möglichen Zielgruppen kaum oder überhaupt nicht differenziert. Das hat zur Folge, daß die meisten Konzepte zu allgemein sind und somit ihren Anwendern Schwierigkeiten bereiten. Dies gilt insbesondere dann, wenn ein Modell schwerpunktmäßig in der Schule eingesetzt werden soll und deshalb mehrperspektivisch zu sein hat. Mehrperspektivisch bedeutet in diesem Fall, daß zum einen die Perspektive des Zielspiels vorhanden sein muß, daß andererseits aber auch Ansatzpunkte für primäre Erfahrungen vorhanden sein müssen. Für Schüler muß sich auch die Möglichkeit ergeben können, selbst relativ früh die Spielleitung zu übernehmen. Diese Probleme stellen sich einem Vereinstrainer so nicht, da er mit Ausnahme der jüngsten Jugendmannschaften immer das Zielspiel unter dem Gesichtspunkt der Leistungsoptimierung im Training thematisieren muß. Der Sportlehrer dagegen ist vor ein mehrfaches Dilemma gestellt:

- Die Situation erfordert, ein komplexes Spiel zu vereinfachen, da die Gruppen in der Schule extrem heterogen sind.

- Es besteht ständig der Wunsch der Schüler nach „richtigem Spielen", das heißt in unserem Fall, 6 gegen 6 bzw. 7 gegen 7 zu spielen.

- Lehrer haben im Sportunterricht ständig das Problem, mit sehr wenig Platz, knapp bemessener Zeit und unangemessenem Material auskommen zu müssen.

- Der Sportunterricht sollte immer auch Möglichkeiten der Zensierung von Leistungen mit einschließen, dahingestellt sei zunächst einmal, ob als gewöhnliche Zensur oder als Teilleistung einer Prüfung.

Die Vermittlung eines Sportspiels in der Schule ist deshalb vor einem differenzierteren Hintergrund zu diskutieren, da dieser Prozeß unterschiedlichsten Einflußfaktoren unterliegt. Diese werden im folgenden ausführlich dargestellt.

2 Bezugspunkte eines Vermittlungsmodells im Handball

Unseres Erachtens sollte ein Vermittlungsmodell aus den genannten Gründen auf mehreren Säulen beruhen, wobei diese Säulen unterschiedlichste Bereiche und Überlegungen repräsentieren. Eine Vermittlungskonzeption hat sich an den folgenden Bezugspunkten zu orientieren:

1. *An der Spielidee bzw. der Spielstruktur.* Im Fußball hat DIETRICH (1975) die Spielstruktur anhand von drei Grundsituationen beschrieben. Diese wurden von SINGER (1984) für Handball modifiziert, so daß eine praktikable Strukturierung des Spiels entstand. Im Rahmen einer „Spielschule des Handballs" (SINGER 1984) war es dadurch möglich, Spiel- und Übungsformen anhand der Situationen **„Torwurf – Torabwehr"** (GS 1), **„Herausspielen einer Torwurfgelegenheit – Verhindern einer Torwurfgelegenheit"** (GS 2), **„Angriffsaufbau – Stören des Angriffs"** (GS 3) methodisch zu ordnen und einen allerdings sehr umfangreichen Spiellehrgang zu gestalten, der darüber hinaus keine Differenzierung bezüglich seiner Umsetzbarkeit in verschiedenen Klassen macht. Ausgangspunkt dieses Vorgehens war die erste Grundsituation, wohingegen die anderen zunächst vernachlässigt wurden. Ein solches Vorgehen führt nun immer zu einer extremen Reduktion, die für Schüler nicht immer den Zusammenhang zum Spiel erkennen läßt. Beispiele hierfür sind die Spiel-

ebenen beim Spielen und Üben mit Kindern (DHB 1992), aber auch sämtliche Kreishetzballspiele in der Spielschule Handball (SINGER 1984).

Unsere Überlegungen gehen nun dahin, die Spielstruktur in ihrer Gesamtheit zu belassen. Die Spielidee bleibt trotz Vereinfachung im Kern erhalten. Dies wurde bereits im ersten Kapitel ausführlich besprochen.

2. *An der Zielgruppe und den Rahmenbedingungen.* Während es dem organisierten Wettkampfhandball an Vorschlägen zur Vermittlung des Spiels, zum Konditions-, Technik- und Taktiktraining nicht mangelt, existiert für die Sportart Handball als Schulsport kein stringentes Konzept. Vereinzelt liegen Vorschläge zur Einführung des Spiels und zur Erarbeitung bestimmter Themen vor. In der Praxis unterrichtende Kollegen stehen jedoch oft vor dem Problem, diese Vorschläge dem Lehrplan, ihren Klassen und den jeweiligen Rahmenbedingungen anpassen zu müssen. Ein Vermittlungskonzept muß gerade auch diese Faktoren berücksichtigen, wobei eine Differenzierung bis in die kleinsten Details, also bis in die konkrete Klassensituation, nicht möglich ist; dies ist aber eine genuine Aufgabe der Lehrer. Wenn schließlich vorher von Zensieren und Prüfen die Rede war, so sollte dieser Punkt zwar nicht im Zentrum der Überlegungen zur Spielvermittlung stehen, ein Konzept jedoch wenigstens denkbare Anschlußofferten für eine Überprüfung bieten.

3. *An den Merkmalen eines Spiels.* Betrachtet man Handball unter dieser Perspektive, dann zeichnet sich Handball durch die folgenden Eigenschaften aus (vgl. CACHAY/DIGEL 1981; MÜLLER 1993):

• **Handball ist ein Sportspiel.** Wie jedes andere Sportspiel ist auch Handball von den grundlegenden Merkmalen der Konkurrenz und der Assoziierung geprägt. Während die Perspektive der Konkurrenz sich vor allem in den Merkmalen des „Gewinnen-wollens", des Kampfspiels und des taktischen Spiels äußert, beschreibt Assoziierung Formen des Miteinander-Handelns (CACHAY/DIGEL 1981). Im Zentrum stehen hierbei das Einhalten und Achten von gemeinsam für gültig erklärten Regeln, wobei diese entweder die kodifizierten Wettkampfregeln oder aber schulsport- oder gar klassenspezifische Regeln sein können.

- **Handball ist ein Kampfspiel.** Spezifische Merkmale des Spiels sind in diesem Zusammenhang der enorme körperliche Einsatz, der allein durch das Spielen auf engsten Räumen und den kleinen Ball forciert wird. Unterstützend kommt hinzu, daß Handball eine Dimension erfahren hat, die sich dadurch auszeichnet, daß große, kräftige und auch schwere Spieler Vorteile gegenüber kleinen und leichten haben können. Dies hat logischerweise Konsequenzen für das Verhalten zum Gegenspieler.

- **Handball ist ein taktisches Spiel.** Selbst wenn man unter der Perspektive der Schule Handball betrachtet und damit gruppen- und mannschaftstaktische Maßnahmen auf ein Minimum reduziert – dies ist im übrigen auch eine Perspektive der neuen deutschen Handballphilosophie im DHB –, trifft diese Aussage insofern zu, als jede technische Handlung im Prinzip eine taktische Grundlage hat. Der Torwurf ist kein rein technischer Ablauf, sondern mit Wahrnehmungen und Entscheidungen verbunden, ebenso die Körpertäuschung oder der Paß.

- **Handball ist ein komplexes Spiel.** Das mehrfache Bezugssystem „Ball – Gegner – Mitspieler" (KONZAG/KONZAG 1980; KONZAG 1990) und die in der

Regel parallel ablaufenden Aktionen unter Zeitdruck entwickeln eine Dynamik, die Kinder und Jugendliche häufig als Überforderung erleben. Ball annehmen in der Vorwärtsbewegung, Ausholen, die eigenen Mitspieler beobachten, im selben Moment schauen, was die Abwehrspieler tun, das sind Mehrfachhandlungen, die vor allem Anfänger immer wieder vor unlösbare Probleme stellen.

Zielgruppe und Rahmenbedingungen, die Spielstruktur und die charakteristischen Merkmale des Handballspiels sind die Bereiche, auf die sich ein Spielvermittlungsmodell beziehen sollte, da ansonsten die Gefahr besteht, daß ein solches Modell nicht genügend Realitätsnähe aufweist. Aus diesen Überlegungen lassen sich bereits vor der konkreten Entwicklung einzelner Inhalte Konsequenzen ziehen, die im Prinzip die oben diskutierten Säulen spezifizieren.

3 Grundlagen der Spielvermittlung

1. Schon der Titel des Buches macht klar, daß wir ein Vorgehen wählen, das zunächst ganz eindeutig für die Schule bestimmt ist. Dies schließt zwar eine Übernahme verschiedener Inhalte für den Vereinssport nicht aus – dies ist aus einer anderen Sicht sogar wünschenswert –, trotzdem haben wir ein Konzept entwickelt, das sich zunächst an Lehrer wendet. Dies hat verschiedene Konsequenzen:

- Sportunterricht ist in der Regel organisatorischen Einschränkungen unterworfen. Den Klassen steht so gut wie nie ein spielgerechtes Feld mit zwei Toren zur Verfügung; darüber hinaus ist auch Realität, daß lediglich ein Hallendrittel pro Klasse vorhanden ist. Der 45-Minuten-Takt der Schulen und die Stundentafel des Lehrplans erfordern ebenfalls organisatorische Einschränkungen. Für ein Vermittlungsmodell hat dies zur Konsequenz, daß Spiel- und Übungsformen so ausgesucht werden müssen, daß sie ohne großen zeitlichen und räumlichen Aufwand durchgeführt werden können, also ein Minimum an Geräten und Aufbau, möglichst wenig Platz und einfache Organisationsstrukturen benötigen.

Im übrigen sind dies Überlegungen, die auch für den Vereinssport in der Mehrzahl der Fälle zutreffen. Insofern orientiert sich die Übungsauswahl an einer Realität, die genauso dem Vereinstrainer Probleme bereitet. Schon allein diese Tatsache zeigt, daß auch der Vereinshandball von diesem Modell profitieren kann.

• Sportunterricht ist in der Regel geplant, wobei Planung von Unterricht auf mehreren Ebenen abläuft. Die grundlegenden Vorgaben für die Planung enthält der Lehrplan, der verbindlich vorgibt, welche Ziele und Inhalte pro Klassenstufe in den einzelnen Sportarten umgesetzt werden sollen. Der Lehrplan stellt gleichzeitig den Ansatzpunkt für die von den Lehrern zu erstellenden Stoffverteilungspläne dar, in welchen die Abfolge der Ziele und Inhalte für ein Schuljahr zu konkretisieren sind. In der Regel sind diese Pläne so angelegt, daß jede Unterrichtsstunde noch einer zusätzlichen Gestaltung bedarf. Dies sollte ein Konzept der Spielvermittlung für die Schule berücksichtigen. Wir wollen deshalb einen Weg vorschlagen, der auf dem Prinzip des Epochenunterrichts beruht. Das heißt, daß Stoffplanung für ein Schuljahr aus verschiedenen Blöcken oder Epochen besteht. In unserem Fall bedeutet dies, daß der Sportartenblock Handball über sechs bis acht Wochen thematisiert wird.

Offen bleibt jedoch, inwiefern in dieser Handballepoche konditionelle Kurzprogramme zur körperlichen Förderung am Ende einer Stunde eingebaut werden können (vgl. FREY 1981, 1995). Diese Entscheidung muß jeder Lehrer selbst treffen.

2. Grundsituationen stellen wichtige strukturelle Teile eines Spiels dar. Sie wurden deshalb immer wieder auf verschiedene Sportspiele übertragen (vgl. DIETRICH 1975; GETROST/WICHMANN 1996). In der Regel wurde dabei so vorgegangen, daß ein Spiel systematisch von Grundsituation zu Grundsituation aufgebaut wurde, also der Weg von Grundsituation 1 über 2 zu 3 gegangen wurde. Dies hatte zur Konsequenz, daß Torschuß- oder Torwurfspiele grundsätzlich am Anfang standen und dann Schritt für Schritt ausgebaut wurden. Bewegungstheoretisch entspricht dies den Prinzipien des Lehrens nach Funktionsphasen (GÖHNER 1975, 1983), das grundsätzlich mit der Erarbeitung der Hauptfunktionsphase beginnt (vgl. auch SCHALLER 1980). Unser Konzept wird sich im Grundsatz auch an diese grundlegenden Einheiten eines Sportspiels anlehnen. Allerdings sind wir der Meinung, daß die Vermittlung eines Sportspiels nicht zwingend das beschriebene Vorgehen erfordert, sondern es durchaus möglich ist, die genannten Grundsituationen variabel einzusetzen, sofern die Idee des Spielens und des Wettkampfes aufrechterhalten wird. Konkret bedeutet dies, daß ein Spiellehrgang zunächst das Spielen im Rahmen der dritten Grundsituation in den Mittelpunkt stellt (vgl. u. a. SCHWEIZERISCHER HANDBALLVERBAND 1984) und gleichzeitig die erste Grundsituation völlig vereinfacht. Beispielsweise können als Varianten des Spielziels das Ablegen des Balles in einer bestimm-

ten Zone oder ein Paß zu einem exponierten Mitspieler eingesetzt werden, um so das Element „Torwurf/Wurfabwehr" zunächst in den Hintergrund zu rücken. Für dieses Vorgehen gibt es zwei Gründe: das Element Torwurf erfordert nicht nur anspruchsvolle Fertigkeiten, sondern auch bestimmte organisatorische Voraussetzungen wie Tore und Wurfkreise. Für einen einfachen Einstieg in der Schule bieten sich daher unkomplizierte Ablegeballspiele an, weil im organisatorischen Bereich nur Linien oder Zonen notwendig sind. Gleichzeitig sind es aber „richtige Spiele", das heißt, zwei Mannschaften spielen gegeneinander.

3. Sportunterricht für Sportspiele hat sich an den Merkmalen von Spielen zu orientieren. Spiele sind mehr als die Summe ihrer Einzelheiten, Spiele erfordern auf jeder Stufe einen situationsangemessenen Einsatz von Techniken und konditionellen Faktoren. Die bloße additive Aneinanderreihung der Resultate von Übungsreihen trifft in keinster Weise die Realität von Sportspielen. In diesem Sinne gehören Spielvermittlungskonzepte, die der Idee eines übungsgemäßen Vorgehens folgen, der Vergangenheit an. Das Spielen muß in den Vordergrund rücken. Zielperspektive wird somit die Spielfähigkeit. Dieses Konstrukt setzt sich nicht einfach aus der Summe vieler Einzelheiten zusammen, weswegen ihr ein eigenes Kapitel gewidmet wird (vgl. Kapitel 1). Allerdings läßt sich sagen, daß eine Entwicklung der Spielfähigkeit ausschließlich über möglichst wettkampfnahe Formen erfolgt. Für die Vermittlung von Handball sind somit Spielformen zu finden, die im Rahmen der jeweiligen Zielgruppe zumindest einige der Elemente eines Sportspiels, eines Kampfspiels, eines taktischen und eines komplexen Spiels enthalten.

4 Zur Struktur des Vermittlungsmodells

Für ein schulspezifisches Modell haben diese methodischen Überlegungen mehrere Konsequenzen. Sie sind gleichzeitig die Eckpfeiler unseres Spiellehrgangs:

1. Der Spiellehrgang besteht aus verschiedenen Stufen, die den wichtigsten Abschnitten einer Schülerlaufbahn entsprechen. Auf jeder dieser Stufen wird Handball in Form einer altersgemäßen, motivierenden *Spielreihe* angeboten, wobei sich die Grundform dieser Spielreihe bzw. ihre Variationen wie ein roter Faden durch die ganze Stufe ziehen. Allerdings müssen diese *Spielformen* eine Reihe von Merkmalen aufweisen:

• Sie müssen entlang der bekannten Kriterien der Vereinfachung von Spielen (vgl. Kuhlmann 1993) veränderbar sein, um eine Spielidee immer wieder unter veränderten Bedingungen anzubieten. Allerdings sollten diese Spiele didaktisch nicht überladen werden, um der Gefahr von Unterrichtsfallen (vgl. Miethling 1993) zu entgehen.

• Sie müssen sich einerseits an den Grundsituationen des Handballs orientieren, andererseits aber auch die Merkmale des Spiels, die Spielidee im Kern, widerspiegeln. Sie stellen die Hauptstraße des Spiellehrganges dar.

• Sie müssen zusätzlich altersspezifische Handballspiele sein, das heißt, sie müssen für die jeweilige Gruppe spielbar sein.

2. In seiner konkreten Umsetzung hat der Spiellehrgang dann folgenden Aufbau:

⇒ **Basisspiele** im Bereich der Anfängerschulung (Grundschule) dienen dazu, die Spielidee als kleinste Ganzheit des Spiels einschließlich der typischen Anforderungen des Handballs zu vermitteln (vgl. Kapitel 1). In diesem Bereich haben wir folgende methodische Reihe ausgewählt:

→ Indi-Ball

→ Fliesenball

→ Kombinationsball

→ Ablegeball

Die Funktion von Basisspielen besteht folglich darin, im Sinne einer Grundlagenschulung eine *allgemeine Spielfähigkeit* im Bereich der Zielschußspiele zu vermitteln (vgl. ADOLPH/HÖNL 1993). Sie sind auch für andere Sportspiele geeignet (vgl. BRAUN 1992; KÖNIG 1997b) und stellen deshalb eine gemeinsame Wurzel für verschiedene Zielschußspiele dar. So können etwa unterschiedliche Formen des Kombinationsballspiels einmal mit bogenförmigen Zielwurf (Affinität Basketball), ein anderes Mal mit einem Zielwurf nach unten (Affinität Handball) oder aber auch mit einem Zielschuß per Fuß (Affinität Fußball) angeboten werden.

⇒ Ein **Transferspiel** hat die Aufgabe, die Gelenkstelle zwischen den Spielen mit der Hand aus der Grundschule und den Anforderungen der Sekundarstufe 1 zu bilden. Dies soll unserer Meinung nach die Aufgabe der Orientierungsstufe sein. In dem von uns entwickelten Vermittlungskonzept für die Schule wird dieser Transfer von einem Lehrweg geleistet, der aus zwei verzahnten Spielreihen, dem *Tigerball* und dem *Aufsetzerball,* besteht.

⇒ **Grund- und Sektorenspiele** gelten dann als zentrale Unterrichtsinhalte in der Sekundarstufe 1 als „Hauptstraße zu einer handballspezifischen Spielfähigkeit" (EHRET/SPÄTE 1995) in den Klassen 7–10 bzw. 11. Grund- und Sektorenspiele sind vereinfachte Handballspiele, die in einzelnen Ausschnitten des Spielfeldes in Über- oder Gleichzahl in der Regel auf ein Tor gespielt werden.

⇒ Diese Stufen sollen zum **Zielspiel,** dem Handballspiel 7 gegen 7, führen, das dann durch die Erarbeitung so-

wohl gruppentaktischer Angriffsmittel in einer 3:3-Angriffsformation als auch einfacher Gegenstoßelemente verbessert wird. Dies ist unserer Meinung nach hauptsächlich Aufgabe der Kurse in 12 und 13.

Dieses an verschiedene Abschnitte einer abstrakten Schülerlaufbahn angelehnte Vorgehen wollen wir als den **Vier-Stufen-Plan** bei der Vermittlung von Zielschußspielen bezeichnen. Eine solche Struktur hat den Vorteil, daß sie im Prinzip für alle weiteren Zielschußspiele umsetzbar ist, was im Basketball ja bereits geschehen ist (vgl. KÖNIG 1997b). Eine entsprechende Evaluation für Fußball, Hockey, Wasserball, etc. steht allerdings noch aus.

3. Übungsformen bzw. Übungsreihen haben im Rahmen des Vier-Stufen-Plans die Aufgabe, spezifische Fertigkeiten zu vermitteln oder zu verbessern. Allerdings kommt ihnen lediglich die Aufgabe zu, die Spielreihen zu unterstützen, indem sie Überforderungssituationen einschränken. Lernergebnisse aus Prozessen des Techniktrainings müssen unmittelbar wieder in die Spielformen eingebracht werden. Je nach Alters- und Könnensstand handelt es sich bei unseren Übungsreihen entweder um Maßnahmen des Technikerwerbs- oder des Technikvariationstrainings, wobei vor allem die Unterrichtseinheiten für die Grundschule und die Orientierungsstufe dazu dienen sollen, grundlegende Techniken im Bereich der Torwürfe (Schlag- und Sprungwurf) und der Täuschungsbewegungen zu erwerben. In der Mittelstufe – dies entspricht im Vereinshandball dem Bereich C- und B- Jugend – rückt dann mehr das Technikvariationstraining in den Mittelpunkt. Im einzelnen berücksichtigt der Vier-Stufen-Plan folgende Techniken:

• Der *Schlagwurf* wird in den Klasse 1 bis 4 mit Hilfe von Wurfspielen, also ohne Gegnerbehinderung, erlernt (vgl. Kapitel 4 bis 7).

- Der *Sprungwurf* wird im Verlauf der Transferspielreihe Aufsetzerball erlernt (vgl. Kapitel 8/9) und im Rahmen der Erarbeitung einer angriffsspezifischen Spielfähigkeit (vgl. Kapitel 10) variiert (vgl. Kapitel 12).

- *Täuschungsbewegungen* sind in zweierlei Varianten berücksichtigt: Ein Ziel der verschiedenen Spielformen ist, das Freilaufen zu erlernen. Insofern sind *Lauftäuschungen* ständig im Lernprozeß integriert. Eine gezielte Verbindung mit dem Sprungwurf wird aber zusätzlich in Form eines Torwurftrainings angeboten (vgl. Kapitel 12). *Körpertäuschungen,* also Täuschungen mit Ballbesitz, sind ebenfalls Gegenstand eines Technikerwerbtrainings (vgl. Kapitel 9). Trotzdem wird aber auch diese Technik in einem Wurftraining mit dem Sprungwurf verbunden, um spielnahes Üben zu ermöglichen (vgl. Kapitel 12).

Beide Bereiche des Techniktrainings, sowohl das Technikerwerb- als auch das Technikvariationstraining, das die Entscheidungsfähigkeit im Spiel und den situationsangemessenen Einsatz von Techniken vorbereiten soll, stellen eine sehr wichtige Grundlage für individualtaktische Handlungen dar. Da auch Technikanpassung immer eine Komponente von Spielfähigkeit sein wird, ist dieser Bereich von Anfang an Gegenstand verschiedenster Lernprozesse, die im Rahmen der verschiedenen Spielformen ablaufen. Gezielte Übungsprozesse eines Technikanpassungstrainings kommen aus unserer Sicht aber für den Bereich der Schule nicht in Frage.

Merke: Spielvermittlung sollte sich an den Merkmalen des Sportspiels und an organisatorischen Rahmenbedingungen orientieren. Dabei ist das Zielspiel so zu vereinfachen, daß es in den jeweiligen Altersgruppen spielbar ist, dabei aber immer noch so präsentiert wird, daß seine wichtigsten Strukturmerkmale vorhanden sind. Schließlich soll aber durch gezielte und systematische Veränderung auf der jeweiligen Stufe eines Spiellehrgangs durch Schaffung immer neuer Spielsituationen eine spezifische Spielfähigkeit entwickelt werden. Dieser Lernprozeß ist durch geeignete Übungsreihen zu unterstützen, um Überforderungssituationen, die in den Spielen automatisch entstehen, zu reduzieren.

3 Die Lehrpläne der allgemeinbildenden Schulen in Baden-Württemberg

Konkretem Lehrerhandeln im Unterricht geht in der Regel eine mehrfache Fragestellung voraus, die sich auf Entscheidungen hinsichtlich unterschiedlichster Aspekte bezieht:

Mit welcher *Intention* bzw. mit welcher *Zielsetzung* und auf welche *Art und Weise* vermittelt ein Lehrer *Inhalte* an *20–30 Schüler* innerhalb einer *begrenzten Zeiteinheit* und eines *begrenzten Raumes?*

Ziele und Inhalte sind dabei gewöhnlich durch den jeweils gültigen Lehrplan festgelegt. Die Klassen, die zur Verfügung stehenden Räume, die vorgegebene Zeit und die spezifischen Rahmenbedingungen sind dagegen Faktoren, die durch die Institution Schule bestimmt werden und damit ebenfalls die Entscheidungen des Lehrers beeinflussen. Offen, und damit in der pädagogischen Verantwortung des Lehrers, verbleibt der theoretische Hintergrund, vor dem unterrichtet wird, und, damit eng verbunden, die Art und Weise, wie ein Lehrer einen Stoff anbietet. Als kompromißfähige didaktische Position gilt seit Mitte der achtziger Jahre die Theorie der Handlungsfähigkeit (vgl. KURZ 1979), auf deren Leitideen Lehrpläne aufgebaut sind. Überträgt man die Kerngedanken dieses Ansatzes auf die Vermittlung von Sportspielen, schiebt sich die Zielvorstellung der Spielfähigkeit in den Mittelpunkt. Spielfähigkeit hat als Konstrukt verschiedene Ausprägungen erfahren, die teilweise gleiche, aber auch unterschiedliche methodische Konsequenzen nach sich ziehen. Diese unterrichtsrelevanten Konsequenzen gilt es, in Spielstunden umzusetzen und den vorgegebenen Rahmenbedingungen anzupassen bzw. auch Rahmenbedingungen im Sinne einer Spielfähigkeit zu ändern.

Im Fach Sport im allgemeinen und im Bereich der Sportspiele im speziellen stehen Lehrer deshalb vor der Aufgabe, den zu Beginn aufgeworfenen Fragenkomplex unter der didaktischen Leitidee der Handlungs- bzw. Spielfähigkeit zu lösen. Dies wirft insofern Probleme auf, als derzeit etwa 60% des Sportunterrichts an Grundschulen fachfremd unterrichtet werden und die dort tätigen Kollegen keine oder kaum Erfahrungen in solchen Bereichen haben. Aber auch an anderen Schularten stellt sich das Problem, daß nicht jeder Lehrer Experte für alle Lehrplaninhalte im Fach Sport sein kann und deshalb Unterricht in einzelnen Sportarten zu stereotyp erfolgt. Brauchbare Hilfen sind für diese Kollegen kaum zu finden, da aktuelle, lehrplanorientierte und vor allem spezifische Vorschläge zum Handballunterricht an den verschiedenen Schularten und für die einzelnen Klassenstufen fehlen.

Genau diese Lücke will das vorliegende Buch schließen. Wir sind der Überzeugung, daß Sportspiele einen Unterricht erfordern, der sie zum einen altersgemäß und attraktiv anbietet, zum zweiten aber ebenso ihre strukturellen Besonderheiten beachtet. Da das Spiel selbst einen relativ hohen Aufforderungscharakter hat, wird die Art und Weise, wie es in Unterricht und Training angeboten wird, zur zentralen Frage. Wer ein Spiel lernen will, der will dies vor allem durch Spielen tun, und er will an diesem Spielerlebnis Freude und Spaß haben. Übungstrott, Zerlegung eines attraktiven Ganzen in unattraktive Einzelteile und Überforderungssituationen sollten deshalb im Sportspielunter-

richt der Schule und auch im Jugendtraining der Vereine Fremdwörter sein.
Vielmehr sollte es in beiden Bereichen
darum gehen, Kinder und Jugendliche
mit und durch das Spiel Handball anzu-
sprechen. Dabei ist es ein weiteres Ziel,
dies für alle Klassenstufen zu tun, wobei
das vorliegende Konzept den Anspruch
erhebt, unter der Leitidee der Spielfähigkeit eine Spielreihe vorzustellen, die von
Klasse 1 bis Klasse 13 schrittweise entwickelt wird.

Ein solches Vorgehen benötigt aber die
aktuell gültigen Lehrpläne. Die dort ver-
schrifteten Inhalte für Ballspiele und
Handball haben als Orientierungspunkte
zu dienen und sind mit entsprechenden
inhaltlichen Konkretisierungen praktika-
bel zu gestalten.

1 Grundschule: Klasse 1–4

Um Mißverständnissen vorzubeugen: Das
„Handballspiel" in seiner normierten und
geregelten Form, wie es in verschiedenen
Leistungsklassen und Altersstufen gespielt wird, ist nicht Inhalt der Grundschule und soll es auch in Zukunft nicht
werden. Der Grundschullehrplan aber
bietet viele Möglichkeiten, grundlegende
motorische Erfahrungen zu vermitteln,
die für das wettkampfmäßig organisierte
Handballspiel unumgängliche Voraussetzungen darstellen.

Für Lehrer ist es wichtig, daß mögliche
Unterrichtseinheiten sowohl inhaltlich als
auch zeitlich durch den Lehrplan abge-
deckt sind. Dem Sportlehrplan für Baden-
Württemberg liegt eine Dreiteilung von
Zielen, Inhalten und Hinweisen zugrunde.
Ziele und Inhalte sind verbindlich, Hinweise enthalten dagegen lediglich Anre-
gungen, Erläuterungen und Beispiele. Ein
weiteres Prinzip ist, daß Inhalte und Ziele
vier Erfahrungs- und Lernbereichen zugeordnet wurden. Jeder Lern- und Erfah-

rungsbereich wird in Klasse 1 und 2 noch-
mals differenziert nach Individualerfahrungen und Erfahrungen mit Partner und
Gruppen. In der Klassenstufe 3 werden in
den einzelnen Erfahrungs- und Lernbereichen die Individualerfahrungen und die
Erfahrungen mit Partner und Gruppe zu-
sammengezogen und durch sportartbe-
zogene Erfahrungen erweitert. In Klasse 4
werden die Erfahrungs- und Lernbereiche
schließlich durch vier Sportbereiche er-
setzt. Individualerfahrungen, Erfahrungen
mit Partner und Gruppe und sportartbe-
zogene Erfahrungen bleiben erhalten. In
dieses Netz von Verbindlichkeiten und
Möglichkeiten sollen nun die Inhalte des
vorliegenden Buches eingeordnet werden.

In diesem skizzierten didaktischen Netz
betrachten wir unsere Spielformen als
Hinweise und Beispiele und versuchen,
sie bestimmten Inhalten und Erfahrungs-
und Lernbereichen des Lehrplans zuzu-
ordnen. Dies leisten wir dadurch, daß wir
für jede Klassenstufe einen Stoffverteilungsplan erstellen, indem diese Zuord-
nungen sichtbar werden. Der Stoffverteilungsplan ist folgendermaßen aufgebaut (vgl. Tab. 2):

Die von uns in der Hinweisspalte vorge-
schlagene Spielform „Variation 1 der
Grundform" ist dem Erfahrungs- und
Lernbereich 1 „Spielen – Spiel" und b
„Erfahrungen mit Partner und Gruppe"
und in diesem Bereich dem Inhalt „Kleine
Spiele mit Ball" zugeordnet.

Die Stoffverteilungspläne umfassen einen Zeitraum von ungefähr sechs Wochen und gehen davon aus, daß Sport
dreistündig in der Woche unterrichtet
wird. Darüber hinaus bietet es sich an,
die Spielformen das ganze Jahr über,
auch wenn andere Inhalte schwerpunktmäßig unterrichtet werden, entweder zu Stundenbeginn oder am Ende zu
spielen.

Tabelle 2: Beispielhafte Zuordnung der Erfahrungs- und Lernbereiche zu den Inhalten und Spielformen (ELB = Erfahrungs- und Lernbereich)

Zeitraum	ELB	Lehrplaninhalte	Hinweise/Unterrichtsinhalte*
	1b	Kleine Spiele mit Ball	Variation 1 der Grundform

1.1 Stoffverteilungsplan Klasse 1

Tabelle 3: Stoffverteilungsplan für Klasse 1 (= fettgedruckte Inhalte finden sich in Kapitel 4)*

Zeitraum	ELB	Lehrplaninhalte	Hinweise/Unterrichtsinhalte*
vom: bis:	Spielen und sich bewegen in der ersten Schulwoche	• gelenktes Spielen mit Partner • gelenktes Spielen mit Bällen	• **Spielform „Indi-Ball" (Grundform)** • Übungsreihe zum Prellen
vom: bis:	1b 1a 2b	• Kleine Spiele mit dem Ball • Spielen mit kleinen Geräten • Partner- und Gruppenformen zur Kräftigung der Rumpfmuskulatur	• **Spielform „Indi-Ball" (Variation 1 der Grundform)** • Spielen mit Luftballons auf dem Boden • Stabilisierungsübungen
vom: bis:	1b 3a 2b	• Kleine Spiele mit Ball • Balancieren auf stabiler Unterlage • Partner- und Gruppenformen zur Kräftigung der Armmuskulatur	• **Spielform „Indi-Ball" (Variation 2 der Grundform)** • Mit Bällen und Luftballons auf der Langbank • Ziehen, Schieben und Stützsprünge auf und an der Langbank
vom: bis:	2a 3b	• Zielwerfen mit verschiedenen Wurfgeräten • Einfache Bewegungsaufgaben mit Partner abstimmen	• **Wurfspiel Nr. 1 und Nr. 2** • Koordinationsübungen mit Ball und Bank
vom: bis:	2a	• Zielwerfen mit verschiedenen Gegenständen	• **Wurfspiel Nr. 3** • **Wurfspiel Nr. 4**
vom: bis:	1a	• Kleine Spiele mit Ball	• **Spielform „Indi-Ball" (Variation 4 der Grundform)** • **Wurfspiel Nr. 5**

1.2 Stoffverteilungsplan Klasse 2

Tabelle 4: Stoffverteilungsplan für Klasse 2 (= fettgedruckte Inhalte finden sich in Kapitel 5)*

Zeitraum	ELB	Lehrplaninhalte	Hinweise/Unterrichtsinhalte*
vom: bis:	1b 3a	• Kleine Spiele mit Ball • Balancieren auf stabiler Unterlage	• **Spielform „Fliesenball" (Grundform)** • Koordinationsübungen mit Bällen, Luftballons und Bänken
vom: bis:	1b 2a 3a	• Kleine Spiele mit Ball • Zielwerfen mit unterschiedlichen Bällen • Balancieren auf stabiler Unterlage	• **Spielform „Fliesenball" (Variation 1 der Grundform)** • **Wurfspiel 1** • Koordinationsübungen mit Bällen, Luftballons und Bänken
vom: bis:	1b 2a	• Kleine Spiele mit dem Ball • Zielwerfen mit unterschiedlichen Bällen	• **Spielform „Fliesenball" (Variation 2 der Grundform)** • **Wurfspiele 2 und 3**

Tabelle 4 (Fortsetzung)

Zeitraum	ELB	Lehrplaninhalte	Hinweise/Unterrichtsinhalte*
vom: bis:	1b 3b	• Spielformen mit dem Ball • Einfache Bewegungsaufgaben mit dem Partner	• **Spielform „Fliesenball" (Variation 3 der Grundform)** • Bänke ohne Bälle oder mit Bällen überlaufen
vom: bis:	1b 2b	• Spielformen mit dem Ball • Partnerformen zur Beinkräftigung	• **Spielform „Fliesenball" (Variation 3 der Grundform)** • Sprünge auf Kästen; Sprünge zwischen, auf und über Bänke
vom: bis:	1b 2a	• Spielformen mit dem Ball • Zielwerfen mit unterschiedlichen Bällen	• **Spielform „Fliesenball" (Variation 3 der Grundform)** • **Wurfspiel Nr. 4**

1.3 Stoffverteilungsplan Klasse 3

Tabelle 5: Stoffverteilungsplan für Klasse 3 (= fettgedruckte Inhalte finden sich in Kapitel 6)*

Zeitraum	ELB	Lehrplaninhalte	Hinweise/Unterrichtsinhalte*
vom: bis:	1a 1a 2a	• Spiele unter Benutzung von Markierungen • Treffballspiele • Allein mit Partner und Gruppe	• **Spielform „Kombinationsball" (Grundform)** • **Wurfspiel Nr. 1** • Koordinationsübungen mit Seilen
vom: bis:	1a 2a	• Kleine Spiele mit Ball; Entwicklung des Ballgefühls • Partner- und Gruppenformen zur allgemeinen Kräftigung	• **Spielform „Kombinationsball" (Variation 1 der Grundform)** • **Wurfspiel Nr. 2** • Taue und Kletterstangen
vom: bis:	1b 2a	• Spiele mit der Hand • Allein mit Partner und Gruppe	• **Spielform „Kombinationsball" (Variation 2 der Grundform)** • **Wurfspiel Nr. 3** • Koordinationsübungen mit Seilen
vom: bis:	1b	• Tore erzielen mit der Hand	• **Wurfspiel Nr. 4** • **Spielform „Kombinationsball" (Variation 3 der Grundform)**
vom: bis:	1b 2a	• Spielformen zur Verbesserung der Grundfertigkeiten: Werfen, Fangen, Passen, Zusammenspielen • Partner- und Gruppenformen zur allgemeinen Kräftigung	• **Spielform „Kombinationsball" (Variation 4 der Grundform)** • Rücken- und Bauchmuskulatur
vom: bis:		• Verfügungswoche	• **Spielform „Kombinationsball" (Variation 5 der Grundform)** • **Wurfspiel Nr. 5**

1.4 Stoffverteilungsplan Klasse 4

Tabelle 6: Stoffverteilungsplan für Klasse 4 (* = fettgedruckte Inhalte finden sich in Kapitel 7)

Zeitraum	ELB	Lehrplaninhalte	Hinweise/Unterrichtsinhalte*
vom: bis:	1b 2a	• Spielen mit der Hand • Bewegungserfahrungen mit Klein-geräten (Bällen)	• **Spielform „Ablegeball" (Grundform)** • **Wurfspiel Nr. 1** • Mit mehreren Bällen gleichzeitig prellen oder Ball und Seil
vom: bis:	1b	• Spiele mit der Hand	• **Spielform „Ablegeball" (Variation 1 der Grundform)** • **Wurfspiel Nr. 2**
vom: bis:	1b 2a	• Spiele mit der Hand • Kraft- und Gewandtheitsspiele	• **Spielform „Ablegeball" (Variation 2 der Grundform)** • **Wurfspiel Nr. 3** • Schiebe- und Ziehwettkämpfe
vom: bis:	1b	• Spielformen zur Verbesserung der grundlegenden Fertigkeiten: Wer-fen, Fangen, Zuspiel, Freilaufen	• **Spielform „Ablegeball" (Variation 3 der Grundform)** • **Wurfspiel Nr. 4**
vom: bis:	2b 2a	• Werfen: Zielwürfe mit dem Ball • Bewegungserfahrungen mit Klein-geräten	• **Spielform „Ablegeball" (Variation 4 der Grundform)** • **Wurfspiel Nr. 4** • Mit Bällen und Reifen
vom: bis:		• Verfügungswoche	• Wiederholung der Wurfspiele oder der Variationen des Grundspiels

2 Weiterführende Schulen: Klassen 5 und 6 (Orientierungsstufe)

Der Eintritt in eine weiterführende Schule stellt für die Kinder einen bedeutsamen Einschnitt in ihrer Schullaufbahn dar, zumal die Anforderungen im Vergleich zur Grundschule in vielfacher Weise höher werden. Sehr wichtig ist es deshalb, vor allem im Fach Sport auf den in der Grundschule erarbeiteten Grundlagen aufzubauen, die Schüler also dort abzuholen, wo sie ankommen. Auf die Sportart Handball übertragen bedeutet dies konkret, daß die in den Klassen 1 bis 4 erarbeiteten Basisspiele und Variationen Ansatzpunkte für den Weg zu einer speziellen Spielfähigkeit sein müssen (vgl. Kapitel 1). Der Lehrplan unterstützt dieses methodische Vorhaben zwar, versäumt aber deutlich zu machen, daß hier den sogenannten Transferspielen eine ganz entscheidende Bedeutung zukommt. Dies ist in unserem Konzept ergänzt worden (vgl. Kapitel 7). Folgende Vorgaben des Lehrplans sind als Ansatzpunkte zu beachten:

Tabelle 7: Lehrplan Handball für die Klassen 5 und 6

Zielsetzungen	Lehrplaninhalte	Unterrichtsinhalte
Umfangreiche und selbständige Auseinandersetzung mit den Sportspielen, wobei das Sportspiel unter alters- und leistungsbezogenen Bedingungen im Vordergrund steht	• Grundlegende und vielseitige Spielschulung durch Erfassen der Spielidee beim Spielen in Grundsituationen • Spezifische Techniken und taktische Verhaltensweisen	• Überzahl und Gleichzahlspiele, auch mit neutralen Zuspielern: Aufsetzerball, Tigerball, Handball 4 gegen 4 plus 1 (Kapitel 8) • Arbeit mit dem Ball • Würfe: Schlagwurf, Sprungwurf (Kapitel 9) • Passen-Fangen

3 Weiterführende Schulen: Klassen 7–10 (Sekundarstufe I)

Aus der Sicht einer Spielsportart stellt die Sekundarstufe I den Zeitraum dar, in dem das Zielspiel über verschiedene Zwischenstufen erlernt werden soll. Dies bedeutet, daß aus didaktischer Sicht jetzt spezielle geboten werden muß, andererseits – und dies ist aus unserer Sicht viel wichtiger – aber die Spielfähigkeit im Bereich des Zielspiels verbessert werden muß, ohne den Aspekt der Handlungsfähigkeit aus den Augen zu verlieren. Klasse 11 hat gleichzeitig noch die Aufgabe, Defizite aus der Mittelstufe aufzuarbeiten, weswegen ihr eine entsprechende Gelenkfunk-

Tabelle 8: Lehrplan Handball für die Klassen 7–10

Zielsetzungen	Lehrplaninhalte	Unterrichtsinhalte
Setzen von entwicklungsgemäßen Bewegungs- und Belastungsreizen. Heranführung an die Wettkampfform durch: • Verbesserung spieltechnischer Fertigkeiten und taktischer Fähigkeiten • Übernahme von Schiedsrichtertätigkeit • Eigenverantwortliche Organisation des Spielbetriebs • Alters- und leistungsbezogene Einführung der Regeln	• Technik/Individualtaktik ⇒ Passen und Fangen ⇒ Würfe ⇒ Finten ⇒ Abwehrtechniken • Taktik ⇒ Spielen in Grundsituationen ⇒ Mann-Mann-Verteidigung bzw. Manndeckung ⇒ gruppentaktisches Verhalten ⇒ Mindestens ein Spielsystem in Abwehr und Angriff ⇒ Gegenstoß • Wettkampfformen	• Angriffstechnik ⇒ Sprungwurfvarianten (vgl. Kapitel 12) • Abwehrtechnik ⇒ Spiel 1 gegen 1 ⇒ Grundspiele (vgl. Kapitel 11) • Grund- und Sektorenspiele ⇒ *Angriffspositionen* ⇒ Raumdeckungsprinzipien (vgl. Kapitel 10/11)

Techniken, taktische Fähigkeiten und eine spezifische Spielfähigkeit immer mehr in den Mittelpunkt rücken. Wichtig ist dabei, die entwicklungspsychologischen Besonderheiten dieser Altersgruppe zu beachten und sie sowohl motivational als auch physiologisch richtig zu fordern und zu fördern. Der Lehrplan gibt hierzu folgende Orientierungshilfen (vgl. Tab. 8):

4 Weiterführende Schulen: Klassen 11–13 (Sekundarstufe II)

Die Klassenstufen 11–13 sind dem Gymnasium vorbehalten und haben somit die eindeutige Funktion, Schüler auf das Abitur vorzubereiten. Im Fach Sport und vor allem im Bereich der Spielsportarten bedeutet dies, daß einerseits eine entsprechende Vorbereitung für die Prüfung an-

tion zukommt. Die einzelnen Unterrichtsziele und -inhalte werden deshalb wie folgt im Lehrplan fixiert (vgl. Tab. 9).

5 Fazit

Die Analyse der Lehrpläne von Baden-Württemberg hat gezeigt, daß die in Kapitel 1 entwickelte Leitidee der Spielfähigkeit unter Berücksichtigung der in Kapitel 2 aufgeworfenen Überlegungen zur Vermittlung von Sportspielen in der Schule umgesetzt werden kann. Trotzdem erfordert die gewählte Vermittlungsstrategie, daß einzelne Inhalte aus methodisch-didaktischen Gründen an einer anderen Stelle im Curriculum plaziert werden. Die folgenden Unterrichtsinhalte weichen deshalb in ihrer Anordnung vom Lehrplan in Baden-Württemberg ab und wurden

Tabelle 9: Lehrplan Handball für die Klassen 11–13.

Klasse	Zielsetzungen	Lehrplaninhalte	Unterrichtsinhalte
11	Die Schüler sind zunehmend in der Lage, Sportspiele in Wettkampfform zu betreiben. Eigenes Rollenverhalten und Rollenverhalten in Gruppen und Mannschaften wird dabei immer wichtiger.	Wiederholen bereits erarbeiteter technischer Fertigkeiten und taktischer Fähigkeiten mit erhöhten Anforderungen. Regelgerechtes Spiel.	Heranführen an das Niveau der Kurse in 12 und 13 in Individual- und Mannschaftstaktik
12 – 13	Die Wettkampfform der Mannschaftssportarten steht im Mittelpunkt. Deshalb sind Können und taktisches Verständnis weiterzuentwickeln. Die Bedeutung von Kooperation, partnerschaftlichem Verhalten und Fairneß wird betont.	• Technik/Individualtaktik • Gruppentaktik • Mannschaftstaktik	• Angriff ⇒ Erarbeiten von einfachen gruppentaktischen Angriffsmitteln (vgl. Kapitel 14) ⇒ *Erarbeiten eines einfachen Gegenstoßkonzeptes (vgl. Kapitel 15)* • Abwehr ⇒ *„Transition" (vgl. Kapitel 15)* ⇒ Vertiefen gruppentaktischer Prinzipien im Rahmen einer 1:5-Abwehr (vgl. Kapitel 11)

deshalb in den Tabellen 8 und 9 *kursiv* dargestellt:

• Das im Lehrplan für Klasse 10 vorgesehene Thema „Gegenstoß" haben wir aus zweierlei Gründen in den Bereich der Oberstufe verlegt: zum einen sind wir der Überzeugung, daß ein solch komplexes Thema für die durchschnittliche Klasse 10 zu schwierig und zu aufwendig ist, und zum zweiten bietet es sich an, im Rahmen einer weiteren Schulung des individual- und gruppentaktischen Abwehrverhaltens, das Element „Umschalten von Abwehr auf Angriff" (transition) als Schwerpunkt auszuwählen, da *Ballerobern* das Abwehrtraining wesentlich interessanter macht.

• Im Bereich der Gruppentaktik sind die Inhalte zweigeteilt worden: im Rahmen der Erarbeitung eines Spielsystems für die Abwehr (Kapitel 11) werden die wichtigsten Prinzipien gruppentaktischen Verhaltens mit eingeführt. Dies ist durchaus lehrplankonform. Allerdings haben wir aus zeitlichen und methodischen Gründen die gruppentakti-

schen Angriffsmittel ausschließlich in die Klassen 12 und 13 verlegt, da unseres Erachtens in der Mittelstufe die Aufgabe wahrgenommen werden sollte, das Spielen in Grundsituationen und das damit verbundene positionsspezifische Verhalten zu vermitteln.

Entscheidend für den gesamten Sportspiel-Unterricht ist aber die Überlegung, daß die Vermittlung von Zielschußspielen im Allgemeinen und Handball im Besonderen auf gar keinen Fall zu einer reinen Fertigkeitsvermittlung mit abschließendem Zielspiel organisiert werden darf. Insofern stellen die verschiedenen Bereiche der Spielfähigkeit die übergeordneten Zielsetzungen unseres Spiellehrganges dar. Das Erlernen von speziellen Fertigkeiten muß aber trotzdem begleitend zu den Spielreihen erfolgen, um auf diese Weise Frustrationen beim Spielerlebnis vorzubeugen.

Die folgenden Kapitel II–V zeigen nun Möglichkeiten, wie Handball unter den genannten Voraussetzungen in der Schule vermittelt werden kann.

II.
Basisspiele mit der Hand –
Grundschule und Anfänger
im Verein

Einleitung

Wer gegenwärtig die Literatur der Ballspiele mit der Hand unter dem Gesichtspunkt der Altersstufen durchsieht, dem fällt auf, daß der Altersgruppe der 6- bis 10jährigen in zunehmendem Maße Aufmerksamkeit geschenkt wird. Ältere methodische Überlegungen thematisieren in der Grundschule die großen Sportspiele durch vielfältige Übungsformen, um die technischen Fertigkeiten des Passens und Werfens zu üben. Mittels kleiner Sportspiele, die überwiegend Wurfspiele sind, soll die technische Fertigkeit des Werfens vermittelt werden (vgl. u. a. VICK/ BUSCH/KOCH 1980; SINGER 1983; LANG 1993). Das spielnahe Zusammenspiel, das zentrale Moment der großen Sportspiele, bleibt aber meist unberücksichtigt. Erst neuere Veröffentlichungen (vgl. SCHUBERT/OPPERMANN/SPÄTE 1990; EMRICH 1995) rücken die Spielfähigkeit und damit das Zusammenspiel in den Mittelpunkt. Sie teilen die Überzeugung, daß man Spielen nur im Spiel lernt und daß von Anfang an gespielt werden muß.

In der Grundschule im besonderen Maße, aber auch im Verein (Altersbereich 6–10 Jahre), wo allgemeine und spezifische Spielfähigkeiten entwickelt werden sollen, ist es aber notwendig, diese Zielformulierung für jede Klassenstufe bzw. Altersgruppe inhaltlich, unterrichtsorganisatorisch und unter Berücksichtigung der technisch und taktisch vorhandenen Fertigkeiten und Fähigkeiten der Schüler anzupassen. Dies bedeutet, daß ein Spielcurriculum für die Altersgruppe der 6– bis 10 jährigen Antworten und Lösungen auf folgende Fragen und Probleme anbieten muß:

- Welche Spielformen mit Ball und Hand vermitteln allgemeine und spezifische Spielfähigkeit und lassen sich mit 6- bis 10jährigen Kindern spielen?
- Wie teile ich bei 30 Schülern und einem Hallendrittel Spielfelder ein, damit möglichst viele Schüler spielerisch aktiv sein können?
- Sind die Kinder dieser Altersgruppe von Beginn an in der Lage, in einem begrenzten Feld, in dem sie sich frei bewegen können, mit einigen Kindern zusammenzuspielen und gleichzeitig Gegenspieler zu beobachten, die sie an der Erreichung ihres Spielziels hindern wollen?

Analysiert man vor dem Hintergrund dieser Fragen die bereits publizierten Ansätze der Spielvermittlung, dann ist festzuhalten, daß das in den Kapiteln 4–7 vorgestellte Konzept das erste Modell ist, das sich dieser Probleme explizit annimmt und praktikable Lösungen für den Unterrichtsalltag anbietet. Hierfür werden zwei parallellaufende Spielreihen zugrundegelegt:

- Die eine Spielreihe thematisiert schwerpunktmäßig das **Zusammenspielen,**
- die andere Spielreihe das genaue **Werfen.**

Für jede Klassenstufe wird ein Basisspiel mit 4 bzw. 5 Variationen vorgestellt. Bei der Wurfspielreihe werden 4 bzw. 5 altersadäquate Wurfspiele angeboten. Alle Spiele sind in den Klassenstufen nach Schwierigkeitsgraden geordnet. Zu jedem Basisspiel und zu jedem Wurfspiel wird eine mögliche Spielfeldorganisation vorgeschlagen, so daß möglichst viele Kinder gleichzeitig aktiv sein können. In den Klassen 1, 2 und 3 kommen erst bei den letzten Spielformen Gegenspieler (Störer) hinzu. Außerdem sind bei einigen Spielformen Helfer beteiligt, deren Aufgabe es ist, „verlorengegangene" Bälle schnell an festgelegten Orten zu deponieren. Die Spieler müssen sich folglich um diese Bälle nicht mehr kümmern. Die vorgeschlagenen Organisationsformen und Regeln ermöglichen innerhalb der Klasse leistungshomogene Spielgruppen. Dabei ist denkbar, daß leistungsstarke Spieler und leistungsschwache Spieler Spielformen einer anderen Klassenstufe spielen.

Obwohl durch die Spielformen neben der allgemeinen auch die spezielle Spielfähigkeit entwickelt werden soll, sehen wir in der Grundschule keine Notwendigkeit, zusätzlich Übungsformen zum Passen und Fangen anzubieten, da diese Fertigkeiten im Spiel mitgeübt werden. Dies gilt auch für die Technik des Schlagwurfes: Kann ein Kind einen Ball über 10 bis 15 m werfen, kann es die vorgestellten Spiele mitspielen; die Frage nach der „richtigen Körper- und Wurfhaltung" ist dagegen nur zweitrangig. Sieht ein Lehrer oder Übungsleiter die Notwendigkeit, technische Elemente zu üben, bleibt es ihm unbenommen, Übungsreihen dazwischenzuschieben.

Die einzelnen Basisspiele und Wurfspiele sind als Stundenschwerpunkte gedacht. Zum Aufwärmen bieten sich altersgemäße Koordinations-, (vgl. Kosel 1992) Kräftigungs- (vgl. Bucher 1989) und einfache Fangspiele (vgl. Lang 1993) an, die aus Platzgründen hier nicht dargestellt werden, aber im Stoffverteilungsplan aufgeführt sind.

Ziel dieses Beitrages ist, Lehrern und Übungsleitern, die mit dieser Altersgruppe Handball spielen wollen, unter spezifischen Bedingungen (große Gruppe, ein Hallendrittel, möglichst viele sollen beschäftigt sein) ein Ballspiel-Curriculum an die Hand zu geben, das ihnen bei ihrer täglichen oder wöchentlichen Arbeit sehr behilflich sein wird.

4 „Indi-Ball"
(Klasse 1 und Anfänger im Verein)

1 Spielorganisation

Das zur Verfügung stehende Hallendrittel einer Sporthalle wird in rechteckige Spielfelder eingeteilt. An den beiden Grundlinien jedes Spielfeldes befindet sich entweder ein Kastenteil, ein kleines Kästchen oder ein Reifen, das/der mit möglichst vielen unterschiedlichen Bällen gefüllt ist (vgl. Abb. 5).

2 Grundregeln und Spielziel

Eine Mannschaft besteht aus einem Spielerpaar und einem Helfer (H), wobei immer zwei Mannschaften in einem der Felder spielen (A und B). Die Mannschaften versuchen, die Bälle möglichst schnell in die Kästchen auf der anderen Seite zu transportieren, indem sich die beiden Spieler den Ball über den Boden zupassen. Der Ball darf nicht gerollt werden und die Spieler dürfen mit dem Ball nicht laufen. Allerdings darf der Ball zunächst den Boden mehrmals berühren. Ist ein Ball in dem gegenüberliegenden Kastenteil abgelegt, wird der nächste Ball geholt. Es gewinnt die Mannschaft, die nach einer bestimmten Zeit mehr Bälle auf die andere Seite transportiert hat. Verliert eine Mannschaft einen Ball (der Ball verläßt das Spielfeld), muß dieser in das jeweilige Kastenteil zurückgebracht werden. Diese Aufgabe übernimmt der Helfer. Ist die Anzahl der Kinder nicht durch drei teilbar, werden zusätzliche Helfer eingesetzt.

3 Benötigte Geräte und Materialien

Ca. 50 unterschiedliche Bälle, Hütchen zur Spielfeldmarkierung, Reifen oder Kleinkästen.

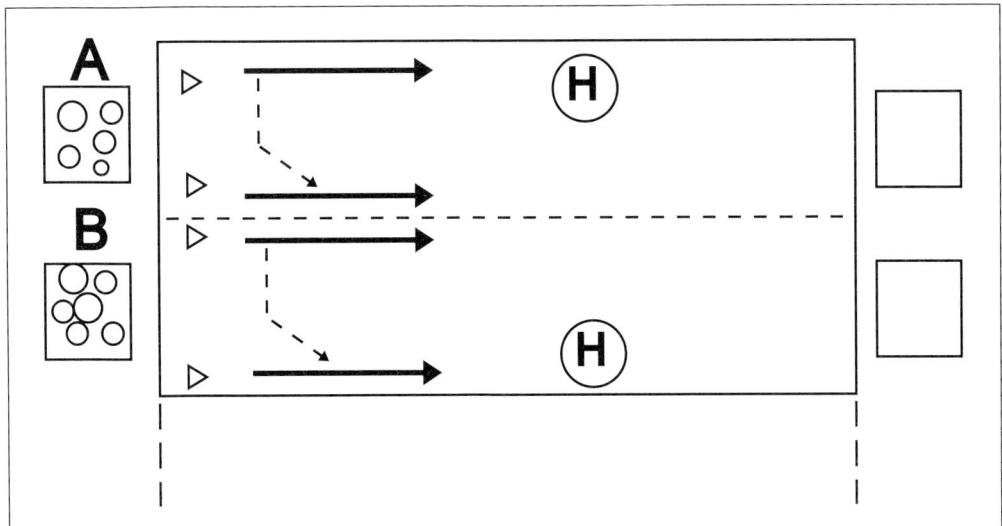

Abb. 5: Struktur des Basisspiels „Indi-Ball"

4 Unterrichtsinhalte

Spiel	Spielorganisation	Spielregeln	Didaktisch-methodische Hinweise
1	Grundform	Grundregeln	In einem Feld spielen zwei Mannschaften. Ggf. sollten die beiden Mannschaften räumlich (z. B. durch Hütchen) getrennt werden.
2	Grundform	Grundregeln mit Variation 1: Der Ball darf nur einmal den Boden berühren und muß dann wieder sicher gefangen werden. In welchem Kasten liegen nach einer bestimmten Zeiteinheit mehr Bälle? Wettkampfform der Variation 2: Die beiden Mannschaften spielen auf einem Spielfeld über Kreuz, d. h. Mannschaft A transportiert die Bälle in den Kasten von B und umgekehrt.	In jedem Spielfeld spielen zwei Mannschaften, die von jeweils zwei Helfern unterstützt werden.
3	In jedem Spielfeld ist nur ein Kastenteil mit acht Bällen gefüllt. Das gegenüberliegende Kastenteil ist leer.	Grundregel und Variation 2: Die vier Mannschaften auf den vier Spielfeldern spielen gegeneinander. Der Ball darf wie oben nur noch einmal den Boden berühren und muß dann wieder gefangen werden.	In jedem Spielfeld spielt nur eine Mannschaft. Beteiligt sind aber zwei Helfer. Durch das größere Spielfeld werden automatisch die Abstände zwischen den Spielern vergrößert. Die andern Mannschaften haben Pause.
4	An einer Grundlinie stehen zwei Kastenteile, in denen gleichviele Bälle sind. An der anderen Grundlinie ist ein „Tor" (oben offener zweiteiliger Kasten). Um dieses „Tor" ist im Abstand von 3 bis 4 Metern ein Halbkreis gezogen, z. B. ausgelegt mit Fliesen (vgl. Abb. 6). *Abb. 6*	Grundregeln und Variation 3: Tore können nur außerhalb des Kreises erzielt werden. Ein Tor ist erzielt, wenn der Ball in das Kastenteil geworfen wird. Ist der erste Wurf nicht erfolgreich, wird der Ball von einem Helfer zu den anderen Bällen zurückgetragen und das Spielerpaar holt einen neuen. Wird ein Tor erzielt, bleibt er im Kasten liegen. Springt er heraus, wird er vom Helfer wieder zurückgelegt. Als Wurfart ist der indirekte Wurf zu empfehlen. Gewonnen hat die Mannschaft, • die als erste alle Bälle im Ziel hat. • die in einer bestimmten Zeit mehr Bälle im Ziel hat.	Eine Mannschaft besteht aus zwei Spielern und zwei Helfern. Auf einem Spielfeld spielen gleichzeitig zwei Mannschaften. Der Wurfkreis kann auch mit Hütchen oder mit Gummistreifen markiert werden. Mögliche Affinität Basketball: Statt des Kastenteils wird ein Korbballständer oder ein oben offener dreiteiliger Kasten aufgestellt. Dahinter muß dann ein Reifen liegen, in den der Ball nach erfolgreichem Wurf sicher vom Helfer deponiert wird.

Spiel	Spielorganisation	Spielregeln	Didaktisch-methodische Hinweise
5	„Indi-Ball" 3 gegen 1	Grundregeln und Variation 4: Es kommt ein Störer dazu. Er darf keinen Spieler berühren, nur den zugepaßten Ball fangen. Hat er den Ball, trägt er ihn zurück. Variation: • Vor einem Torwurf muß der Ball mindestens fünfmal zugespielt worden sein. • In fortgeschrittenen Gruppen kann das Spiel auch 2 gegen 1 durchgeführt werden.	Eine Mannschaft besteht aus vier Spielern. Einer davon agiert als Störer. Dieser Störer spielt zunächst gegen seine eigenen Mitspieler, dann jedoch gegen eine gegnerische Mannschaft. Es spielt nur eine Mannschaft in einem Spielfeld, die andere hat so lange Pause.

5 Wurfspiele für die Klasse 1

Spiel	Spielorganisation	Spielbeschreibung/Spielziele
1	Fünf oder sechs kleine Kästchen stehen etwas von der Wand entfernt. Auf den Kästchen liegt jeweils ein Medizinball, der ggf. durch einen Gummiring gehalten wird. In einer Entfernung von 5–6 Metern ist eine Abwurflinie markiert (vgl. Abb. 7). *Abb. 7*	Hinter der Abwurflinie stehen vor jedem Kästchen drei oder vier Spieler mit je einem Ball und versuchen, den Medizinball herunterzuwerfen. Nachdem alle geworfen haben, holt jeder Spieler wieder seinen Ball. Ist der Medizinball getroffen, muß er sofort wieder auf das Kästchen gelegt werden. Innerhalb jeder Gruppe hat der gewonnen, der mit 10, 15 oder 20 Würfen den Medizinball am häufigsten trifft. Die Gruppen spielen gegeneinander: Welche Gruppe trifft in einer bestimmten Zeiteinheit am häufigsten den Medizinball.
2	Auf dem Boden vor der Wand liegt eine Weichbodenmatte. Davor werden vier Kastenteile von zwei Bänken eingeklemmt. In 2 Metern Abstand ist eine Abwurflinie markiert (vgl. Abb. 8). *Abb. 8*	Hinter der Abwurflinie steht eine Gruppe von 6–10 Schülern. Jeder Schüler hat einen Ball. Die Schüler versuchen, die Bälle auf die Weichbodenmatte zu bringen. Dabei muß der Ball einmal den Boden berühren und dann durch die Kastenteile auf die Matte kommen. Nach jedem Versuch holt jeder Schüler seinen Ball wieder und übt weiter.
3	In einem Hallendrittel markiert man mit Gummistreifen oder Tesakrepp konzentrische Halbkreise, wobei der kleinste Kreis einen Durchmesser von mindestens 3 Metern haben sollte. In der Mitte dieser Kreise steht ein offener zweiteiliger Kasten. Es sollten drei solche Wurfstationen aufgebaut werden (vgl. Abb. 9). *Abb. 9*	An einer Station üben 7–10 Schüler. Jeder markierte Kreisteil bedeutet eine mögliche Abwurfstelle. Jeder Schüler soll selber bestimmen, von welcher Stelle er wirft. Der Ball soll durch einen Bodenpaß in den Kasten geworfen werden. Unterschiedliche Bälle sind wünschenswert und sollten pro Station in einem Kästchen deponiert werden. Bälle, die das Kastenteil verfehlt haben, muß jeder selber zurückholen. Wettkampfformen: • Wie viele Punkte werden von jedem in 3 Minuten erzielt, wenn es von den weiter entfernten Kreisen je einen Punkt mehr gibt? • Welche Mannschaft hat zuerst 50 Punkte? Alternative: statt den handballtypischen Kreisen können jederzeit auch Linien verwendet werden.

Spiel	Spielorganisation	Spielbeschreibung/Spielziele
4	An einer Wand liegt eine Weichbodenmatte. Im Abstand von 6–7 Metern ist eine Abwurflinie markiert. Genau in der Mitte zwischen Weichboden-matte und Abwurflinie stehen zwei direkt neben-einander gestellte Bänke (vgl. Abb. 10). 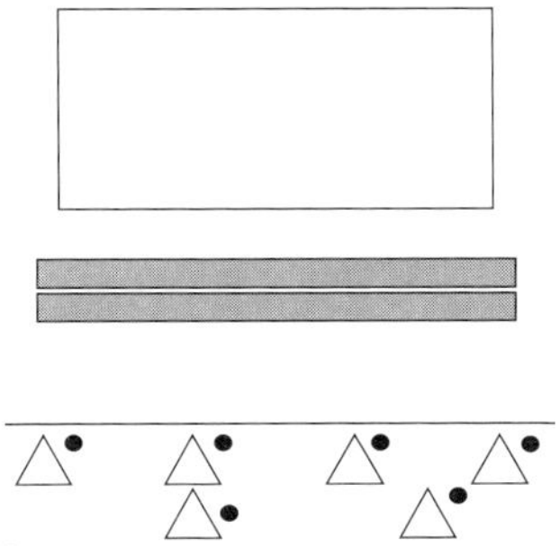 *Abb. 10*	Hinter der Abwurflinie steht eine Gruppe von 6-10 Schülern. Jeder Schüler hat einen Ball, aber nicht jeder Schüler den gleichen. Von der Abwurflinie aus muß der Ball auf folgende Arten auf die Weichbodenmatte kommen: • Der Ball muß vor und nach der Bank den Boden einmal berühren. • Der Ball muß von der Bank direkt auf die Weichbodenmatte. • Der Ball muß von der Bank auf den Boden und dann auf die Matte. Jeder Schüler holt nach je-dem Versuch seinen Ball wieder und übt wei-ter.
5	Das Hallendrittel wird in drei möglichst große Rechtecke aufgeteilt. In jedes Rechteck werden zwei Bänke direkt nebeneinander gestellt. Da-hinter werden in unterschiedlicher Entfernung sechs Matten verteilt. Auf der anderen Seite ist in einer Entfernung von 2–3 Metern von den Bän-ken eine Abwurflinie gezogen (vgl. Abb. 11). 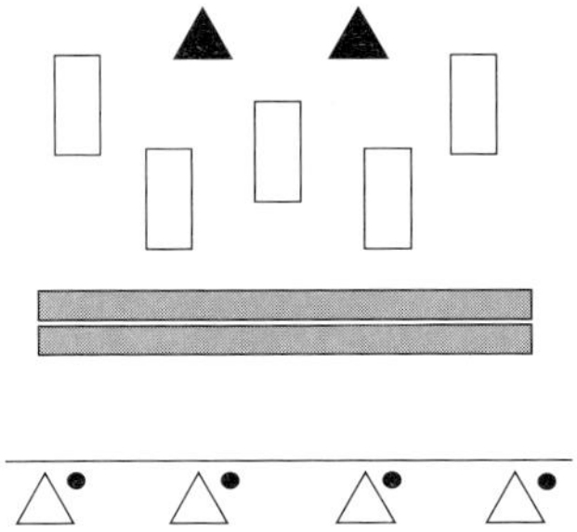 *Abb. 11*	Hinter der Abwurflinie stehen vier Spieler mit je ei-nem Ball. Sie versuchen, den Ball so auf die Bänke zu werfen, daß der abspringende Ball eine Matte trifft. Hinter den Matten stehen pro Gruppe zwei Schüler und rollen die Bälle wieder zurück. Aufgabenstellungen: • In einer vorgegebenen Zeit möglichst alle Mat-ten treffen. • In einer vorgegebenen Zeit als Gruppe mög-lichst viele Matten treffen.

5 „Fliesenball"
(Klasse 2 und Anfänger im Verein)

1 Spielorganisation

Das zur Verfügung stehende Hallendrittel einer Sporthalle wird in drei bzw. vier rechteckige Spielfelder eingeteilt. In jedem Spielfeld werden Teppichfliesen oder Gummiplatten gleichmäßig verteilt. Die Anzahl der Teppichfliesen oder Gummiplatten und damit deren Abstände rich-

Aufgabe, die Bälle möglichst schnell in das leere Kästchen zu bringen. Gewonnen hat die Mannschaft, die die Bälle am schnellsten bzw. in einer vorgegebenen Zeit die meisten Bälle ins Ziel bringt. Beim Balltransport sind folgende Regeln zu beachten: Die Spieler dürfen die Fliesen nur ohne Ball verlassen. Passen, Fangen und

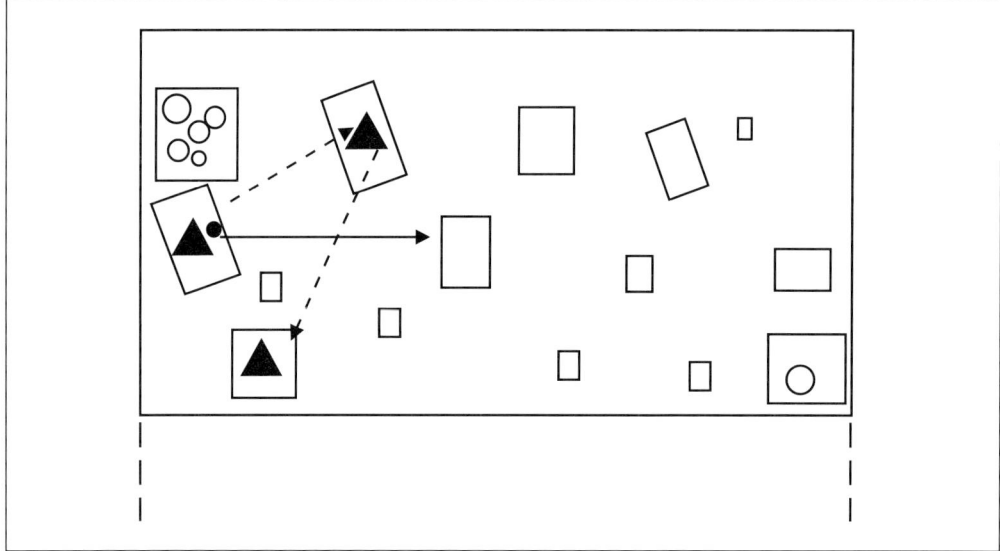

Abb. 12: Struktur des Basisspiels „Fliesenball"

ten sich nach den Paß- und Fangfertigkeiten der Schüler. An zwei diagonal gegenüberliegenden Ecken des Spielfeldes wird jeweils ein kleines Kästchen mit der offenen Seite nach oben auf den Boden gelegt. Eines der beiden Kästchen wird mit unterschiedlichen Bällen gefüllt.

2 Grundregeln und Spielziel

Eine Mannschaft besteht aus fünf Spielern, wobei drei Spieler den Ball transportieren und die anderen beiden als Helfer fungieren. Die Mannschaften haben die

Ablegen in das Kästchen sind nur auf einer Fliese erlaubt, wobei nach jedem Abspiel die Fliese verlassen werden muß. Fällt ein Ball auf den Boden, bringen ihn die beiden Helfer sofort wieder in den Kasten zurück.

3 Benötigte Geräte und Materialien

Zwei Kleinkästen, Teppichfliesen, Gummiplättchen, etwa acht bis zehn verschiedene Bälle pro Mannschaft.

4 Unterrichtsinhalte

UE	Spielorganisation	Spielregeln	Didaktisch-methodische Hinweise
1	Grundform	Grundregeln Mögliche Variationen: • Ablegen nach einer vorgegebenen Anzahl von Pässen. • Das Zuspiel nicht mehr direkt, sondern indirekt. • Doppelpässe ausschließen.	Siehe Grundspiel Helferaufgaben beachten.
2	Variation 1: Die Anzahl der Gummiplättchen oder Teppichfliesen wird so erhöht, daß zwei Mannschaften gleichzeitig spielen können. An jeder Ecke des Spielfeldes befinden sich jetzt kleine Kästchen bzw. Reifen. Zwei gegenüberliegende Kästchen enthalten gleich viele Bälle (vgl. Abb. 13). Die Bälle müssen ins diagonale Kästchen gebracht werden.	Siehe Grundform Abb. 13: Variation 1 „Fliesenball"	Siehe Grundspiel Zwei Mannschaften spielen gleichzeitig. Ggf. sollten die Mannschaften verkleinert werden (drei oder vier Spieler). Auf jeder Fliese darf nur ein Spieler stehen.
3	Variation 2: wie Grundform, allerdings wird der Abstand zwischen der letzten Fliese und dem Kästchen vergrößert.	Wie Grundform, aber mit folgenden Zusatzregeln: • Der Ball muß durch einen indirekten Wurf in das Kästchen geworfen werden. • Vor dem Torwurf eine vorgegebene Anzahl von Pässen spielen.	Mögliche Affinität Basketball: Anstelle des Kästchens wird ein Korbballständer eingesetzt. Wird das Tor verfehlt, trägt ihn der Helfer zurück.
4	Variation 3: „Fliesenball" 3 gegen 1. 	Grundregeln: Es kommt ein Störer hinzu, der die Aufgabe hat, die Pässe der drei Spieler abzufangen. Er darf die Fliesen nicht betreten. Erobert der Störer den Ball, trägt er ihn zurück. Erzielt die Mannschaft ein Tor, muß sie dafür sorgen, daß der Ball im Kästchen liegt. Geht ein Wurf am Ziel vorbei oder fällt ein Ball auf den Boden, trägt ihn der Helfer zurück.	Eine Mannschaft besteht aus drei Spielern, einem Störer und einem Helfer. In einem Feld spielt nur eine Mannschaft. Zwei mögliche Tore anbieten.

5 Wurfspiele für die Klasse 2

Spiel	Spielorganisation	Spielbeschreibung/Spielziele
1	Auf zwei Bänken stehen 8 bis 10 Hütchen gleichmäßig verteilt. In gleichen Abständen von den Bänken stehen zwei Mannschaften, jeweils hinter einer Abwurflinie.	Hinter jeder Abwurflinie stehen jeweils sechs Spieler, die versuchen, die Hütchen in das gegnerische Feld zu schießen. Gewonnen hat die Mannschaft, die weniger Hütchen im eigenen Feld hat.
2	Matten bzw. Bänke bilden eine Gasse, so daß ein Medizinball auf dem Boden rollen kann. An den offenen Seiten der Gasse steht jeweils eine Mannschaft mit 8 bis 10 Spielern. Jeder Spieler hat einen Ball.	Die Mannschaften versuchen, durch gezieltes Werfen mit ihren Bällen den Medizinball aus der Gasse zu treiben. Wer geworfen hat, muß schnell seinen eigenen Ball wieder holen. Einen Punkt bekommt die Mannschaft, der es gelingt, den Medizinball aus der Gasse zu treiben.
3	An einer Wand steht ein vierteiliger Kasten und davor eine Bank. Auf dem Kasten stehen drei Hütchen und auf der Bank liegen drei Medizinbälle auf einem Reifen (vgl. Abb. 14). *Abb. 14*	Hinter einer Abwurflinie steht eine Mannschaft mit sechs bis acht Spielern. Jeder Spieler hat einen Ball und versucht, die Gegenstände herunterzuwerfen. Jeder Spieler muß nach dem Wurf seinen Ball schnell wieder holen. Der Spieler hat gewonnen, der am meisten Gegenstände abgeschossen hat. Wird das Spiel an mehreren Stationen gespielt, gewinnt die Mannschaft, die am schnellsten abgeräumt hat.
4	An einer Wand lehnt eine Weichbodenmatte. Vor die Weichbodenmatte wird eine blaue Turnmatte gestellt. Vor dieser Matte befindet sich ein Kästchen auf dem Boden (mit der Frontseite den Werfern zugewandt).	Hinter einer Abwurflinie steht eine Mannschaft mit sechs bis acht Spielern. Jeder Spieler hat einen Ball. In einer bestimmten Reihenfolge wird geworfen. Wer die Weichbodenmatte trifft, erhält einen Punkt, wer die blaue Matte trifft, erhält zwei und wer das Kästchen trifft, erhält drei Punkte. Mögliche Spielziele: • Wer hat nach zehn Würfen die meisten Punkte? • Jeder hat 30 Punkte. Wer hat zuerst 0 Punkte? • Ist die Station zwei- oder dreimal aufgebaut, kann das Spiel auch als Mannschaftswettbewerb ausgetragen werden. Wettkampfform: Welche Mannschaft hat zuerst 50 Punkte?

6 „Kombinationsball" (Klasse 3 und Anfänger im Verein)

1 Spielorganisation

In einem Hallendrittel werden vier rechteckige Spielfelder markiert. An jeder

wegungen auf der Matte, um eine Matte steppen, ein bzw. zwei Hütchen berühren, etc. Während der Ausführung der Zusatz-

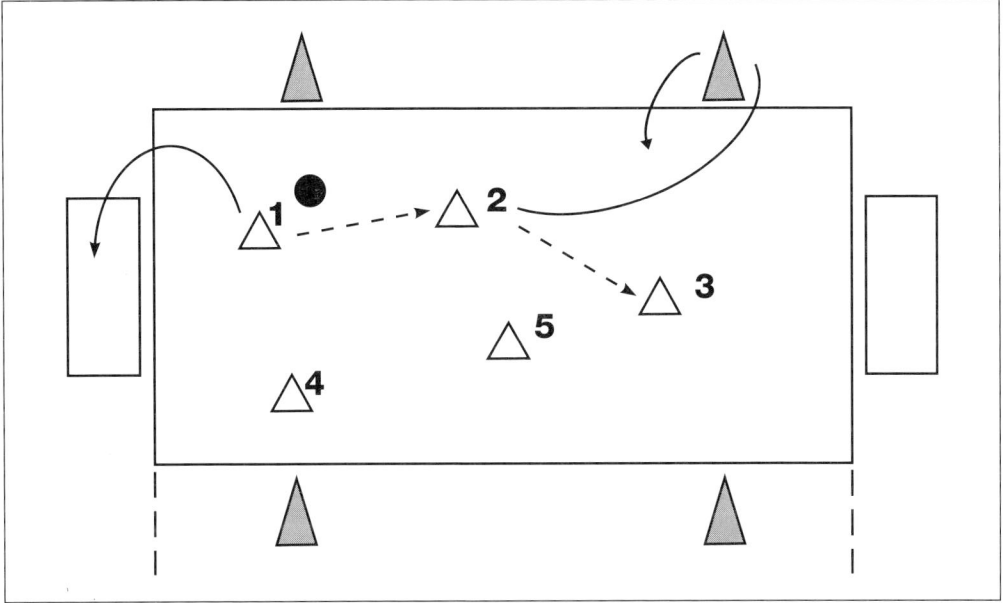

Abb. 15: Struktur des Basisspiels „Kombinationsball"

Grundlinie liegt eine blaue Turnmatte, und an jeder Seitenlinie stehen mindestens zwei Hütchen.

2 Grundregeln und Spielziel

Eine Mannschaft besteht aus fünf Spielern, von denen jeder eine Zahl zwischen 1 und 5 erhält. Diese Spieler müssen sich den Ball in der Reihenfolge eins bis fünf so zupassen, daß er nicht auf den Boden fällt. Allerdings wird diese Grundregel später zugunsten eines freien Passens aufgehoben. Nach jedem Abspiel muß eine Zusatzaufgabe ausgeführt werden. Mögliche Zusatzaufgaben sind: Rollbe-

aufgabe darf der Spieler nicht angespielt werden. Mit dem Ball darf nicht gelaufen werden.

Ein Punkt ist erzielt, wenn eine Mannschaft eine bestimmte Anzahl Pässe spielt, sich den Ball länger zuspielen kann als eine andere Mannschaft oder den Ball in ein Ziel transportiert.

3 Benötigte Geräte und Materialien

Pro Spielfeld zwei Turnmatten, vier Hütchen und zwei bis drei Bälle (ein Spielball und Reservebälle).

4 Unterrichtsinhalte

UE	Spielorganisation	Spielregeln	Didaktisch-methodische Hinweise
1	Grundform	Mögliche Variationen (1) der Grundform: • Umkehren der Reihenfolge auf Zuruf. • Auf Zuruf einen bestimmten Spieler einmal auslassen. • Verweigern der Ballannahme, indem die Hände deutlich hinter den Rücken genommen werden.	Es ist darauf zu achten, daß die Schüler konsequent die Zusatzaufgaben erfüllen. Grund: Die Grundtechnik Passen und Fangen soll in der Bewegung erlernt werden. Ggf. hier nur Zuspiele als Bodenpaß zulassen, um Gesichtstreffer zu vermeiden. Bei Verweigerung kann jetzt Prellen eingeführt werden.
2	Grundform zunächst ohne, später mit Zusatzaufgaben. Hinter einer Grundlinie liegen in einem Kasten zehn oder mehr Bälle. Hinter der anderen Grundlinie liegen mehrere Reifen.	Grundregeln mit folgenden Zusätzen (Variation 2): • Kein Prellen. • Ein vom Lehrer durch Zuruf bestimmter Schüler muß den Ball in einem Reifen ablegen. Die anderen Spieler müssen sofort den nächsten Ball holen. • Zuerst mehrere Pässe spielen lassen.	Die Mannschaften müssen den zum Ablegen des Balles bestimmten Spieler so in Position bringen, daß ein Ablegen ohne Prellen und ohne mit dem Ball zu laufen möglich ist. ⇒ Konsequentes Beachten des Prellverbots!
3	Jeweils zwei angrenzende Spielfelder werden zusammengefügt, wobei die Mannschaften A und B zunächst in ihrem Spielfeld spielen. Die Position der Reifen und der Kästchen ist der Skizze zu entnehmen (vgl. Abb. 16) Abb. 16	Grundregeln mit folgenden Zusätzen (Variation 3): • Ein vom Lehrer durch Zuruf bestimmter Schüler muß den Ball im Reifen der gegnerischen Mannschaft ablegen. • Die anderen Spieler müssen sofort den nächsten Ball aus ihrem ursprünglichen Feld holen. • Kein Prellen! • Jeder Spieler schlägt den ab, dem er den Ball zuspielt.	

UE	Spielorganisation	Spielregeln	Didaktisch-methodische Hinweise
4	Hinter einer Grundlinie liegen in einem Kasten fünf Bälle. Hinter der anderen Grundlinie liegen zwei Reifen. Innerhalb der Fünfergruppen bilden drei Spieler eine angreifende Mannschaft. Ein Spieler wird Störer, ein weiterer Schiedsrichter.	Variation 4: Die Grundregel „Zahlenpassen" wird aufgehoben, die Mannschaften dürfen sich den Ball in freier Reihenfolge zuspielen. Außerdem entfallen die Zusatzaufgaben. Drei Spieler passen sich den Ball zu und haben die Aufgabe, ihn in einen der gegenüberliegenden Reifen zu transportieren (ohne Prellen, nur Passen) und in den Reifen abzulegen. Ist dies gelungen, holen die drei Spieler sofort einen neuen Ball. Der Störer versucht, den Ball abzufangen, ohne dabei die anderen zu berühren. Hat er den Ball erobert, trägt er ihn in den leeren Kasten.	*Ziele:* • Alle Bälle müssen in die Reifen transportiert werden • Wieviel Bälle kann eine Mannschaft in einer bestimmten Zeiteinheit in die Reifen transportieren. *Weitere Aufgabenstellungen:* • Vor dem Ablegen müssen mindestens fünf oder sechs Pässe gespielt werden. • Dieses Spiel kann auch 4 gegen 2 gespielt werden.
5	Spielorganisation und Spielregeln vgl. UE 4, allerdings müssen acht bis zehn Bälle im Kasten sein (vgl. Abb. 17) *Abb. 17*	Variation 5: Eine Mannschaft beginnt mit fünf Spielern auf dem Spielfeld. Sie spielen sich den Ball zu. Von der gegnerischen Mannschaft ist zunerst nur *ein* Spieler auf dem Spielfeld. Alle 30 Sekunden kommt ein weiterer Spieler hinzu, bis maximal vier Spieler auf dem Spielfeld sind. Schafft es die gegnerische Mannschaft, den Ball zu erobern, legt sie den Ball in einen Reifen. Schafft sie es nicht, legen die Angreifer den Ball in den anderen Reifen und holen einen neuen. Die Angreifermannschaft hat insgesamt fünf Versuche. Variante: Kann die verteidigende Mannschaft den Ball abfangen, können Angriff und Abwehr auch sofort getauscht werden.	Ein Spieler der verteidigenden Mannschaft fungiert als Schiedsrichter. Somit kann es maximal zu einer 5 gegen 4 Überzahl kommen. Hier muß für die verteidigende Mannschaft genau festgelegt werden, wer Schiedsrichter ist und in welcher Reihenfolge das Spielfeld betreten wird.

5 Wurfspiele für die Klasse 3

Spiel	Spielorganisation	Spielbeschreibung
1	In einem Hallendrittel werden drei Spielfelder markiert. In jedem Feld liegen gleichmäßig verteilt sechs blaue Turnmatten. Zwei Hütchen an der Grundlinie kennzeichnen den Start. An der gegenüberliegenden Grundlinie steht ein weiteres Hütchen. Hinter den Starthütchen stehen sechs bis sieben Hasen (vgl. Abb. 18). Gespielt wird mit einem Softball. *Abb. 18*	Im Feld befinden sich drei Jäger. Sie spielen sich im Feld den Ball zu. Fangen, Passen und Werfen ist nur auf Matten erlaubt. Ein gefangener Ball muß sofort weitergepaßt werden, er darf nicht gehalten werden. Wer gepaßt hat, muß auf eine andere Matte laufen. Der erste Hase wirft den Ball ins Spielfeld und läuft los. Er umläuft das Hütchen auf der entgegengesetzten Grundlinie und läuft zum Start zurück, wobei er keine Matte berühren darf. Bei diesem Lauf durch das Spielfeld müssen die Jäger den Hasen treffen. Wenn der Hase getroffen wird oder wenn er ins Ziel kommt, läuft der zweite Hase los. Nachdem der erste Hase den Ball ins Spiel gebracht hat, sind die Jäger für den Ball verantwortlich. *Ziel:* • Wie viele Treffer erzielen die Jäger in fünf Minuten? • Welche Jäger haben zuerst 20 Punkte?
2	Wie bei Spiel 1 An beiden Grundlinien stehen als Startmarkierungen zwei Hütchen.	Zwei Hasen starten gleichzeitig von beiden Grundlinien. Irgendwo im Spielfeld müssen sie sich berühren und anschließend zu ihrem Startpunkt zurücklaufen. Wird ein „Hase" vom Ball getroffen oder erreichen beide ihre Ausgangspositionen, beginnt ein neues Paar.
3	Wie Spiel 1 Auf den Grundlinien stehen keine Hütchen mehr. Hinter einer Grundlinie steht eine Bank.	Alle Hasen laufen im Feld. Wer getroffen wird, verläßt das Spielfeld und setzt sich auf die Bank. Wird bei einem Wurf ein „Hase" nicht getroffen, darf der Hase, der am längsten auf der Bank saß, wieder ins Feld zurück. *Ziel:* Wann haben die Jäger das Feld leer?
4	Sechs Matten bilden einen Kreis mit einem Durchmesser von ungefähr fünf bis sechs Meter. In der Kreismitte liegt ein Medizinball auf dem Boden. Auf jeder Matte müssen zwei bis drei Reservebälle liegen (vgl. Abb. 19) *Abb. 19*	Vier oder fünf Spieler verteilen sich auf sechs Matten und ein (zwei) Schüler schützt (schützen) als Verteidiger den Medizinball. Die Werfer passen sich *einen* Ball schnell zu, bis sie eine günstige Möglichkeit haben, den Medizinball zu treffen. Jeder Treffer gibt einen Punkt. Nach jedem Paß oder Wurf muß der Passende/Werfer außerhalb des Kreises auf eine andere Matte laufen. Auch die drei anderen Spieler können ohne Ball jederzeit auf eine andere Matte laufen. *Ziele/Aufgabenstellungen:* • Wer den Ball trifft, wird Verteidiger. • Wie viele Treffer gelingen in einer bestimmten Zeiteinheit? Jeder „Nichttreffer" ergibt einen Punkt für die Verteidigung.
5	An den Seiten von zwei oder drei möglichst großen rechteckigen Spielfeldern werden 2 Stangentore aufgestellt. In der Mitte eines jeden Spielfeldes liegt als Spielball ein Medizinball.	Zwei Mannschaften mit jeweils vier bis fünf Spielern agieren in je einem der drei Felder. Jeder Spieler braucht einen Ball. Punkte werden erzielt, indem die Mannschaften den Medizinball durch Anwerfen mit ihren Bällen in Bewegung versetzen und ihn durch eines der Stangentore bringen.

7 „Ablegeball"
(Klasse 4 und Anfänger im Verein)

1 Spielorganisation

In einem Hallendrittel werden drei oder vier möglichst große, rechteckige Spiel-

besitz zu gelangen. Nach Ablegen des Balles erhält der Gegner den Ball. Bei jeder Regelverletzung wird das Spiel unter-

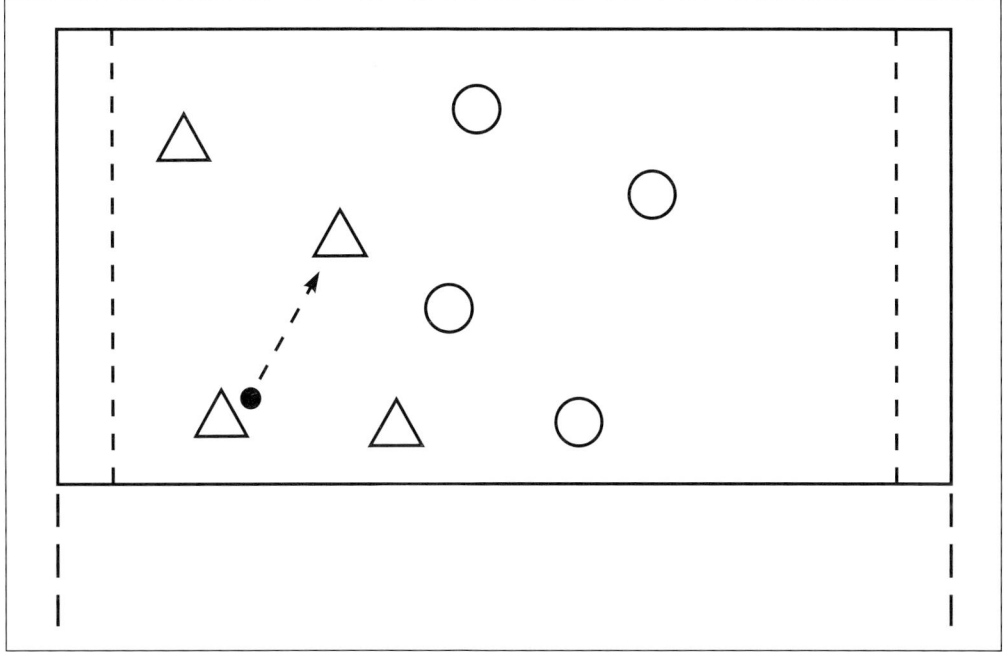

Abb. 20: Struktur des Basisspiels „Ablegeball"

felder eingerichtet. Hinter jeder Grundlinie wird jeweils ein Zielfeld markiert, in das der Ball abgelegt werden muß.

2 Grundregeln und Spielziel

Es spielen zwei Mannschaften gegeneinander. Beide Mannschaften bestehen aus drei oder maximal vier Spielern. Die ballbesitzende Mannschaft versucht, den Ball im gegnerischen Zielfeld abzulegen. Dabei darf weder geprellt noch mit dem Ball gelaufen werden. Kein Spieler darf einen anderen Spieler berühren, um in Ball-

brochen. Sollte die ballbesitzende Mannschaft einen Regelverstoß begehen, verliert sie den Ball.

Ein Punkt ist erzielt, wenn der Ball von einer Mannschaft in ihrem Zielfeld abgelegt wird.

3 Benötigte Geräte und Materialien

Gummistreifen, Kreppband oder Turnmatten für die Zielfelder (ggf. können auch Linien verwendet werden), Bälle.

4 Unterrichtsinhalte

UE	Spielorganisation	Spielregeln	Didaktisch-methodische Hinweise
1	Grundform	Grundregeln	
2	Im Spielfeld werden je sechs bis sieben Fliesen gleichmäßig in den Zielfeldern verteilt. Diese Zielfelder sollten großflächig angelegt sein.	Der Ball muß von einem Spieler auf einer Fliese abgelegt werden. *Mögliche Zusatzaufgabe:* Wird ein Spieler mit Ball von einem Gegenspieler berührt, bleibt er im Ballbesitz, darf aber nicht mehr ablegen. Er kann folglich kein Tor mehr erzielen.	
3	Spielform „Turmball":	Jede Mannschaft erhält ein Kästchen und muß auf dem gegnerischen Kästchen einen Spieler plazieren. Gelingt es einem Mitspieler, ihn indirekt oder direkt anzuspielen und kann er den Ball fangen, ohne daß er das Kästchen verlassen muß, bekommt diese Mannschaft einer Punkt. Anschließend erhält die gegnerische Mannschaft den Ball, und der Turmspieler kann ausgewechselt werden.	Mindestens 4 gegen 4.
4	Spielform „Vier-Ecken-Ball als Ablegeball": In den vier Ecken des Spielfeldes liegen vier Reifen.	Die vier Reifen sind Ablegemale. Jede Mannschaft kann an jedem Reifen Punkte erzielen, wenn es einem Spieler gelingt, den Ball in einem der Reifen abzulegen.	3 gegen 3, so daß nicht jeder Reifen bewacht werden kann. Kleine Spielfelder!
5	Spielform „Vier-Ecken-Ball mit indirektem Zuspiel": Die Reifen müssen etwas weiter zur Spielfeldmitte verschoben werden.	Ein Punkt ist erzielt, wenn ein Spieler den Ball so in einen der vier Reifen wirft, daß ein Mitspieler ihn fangen kann.	Der Ball darf den Boden nur innerhalb des Reifens berühren.

5 Wurfspiele für die Klasse 4

Spiel	Spielorganisation	Spielbeschreibung/Spielziele
1	Mit Weichbodenmatten, Hallentoren und Kästen werden an einer Hallenwand Tore gebildet. Im Abstand von sechs Metern wird eine Abwurflinie markiert. Fünf bis sechs Meter hinter der Abwurf-linie stehen die Werfer. Seitlich zwischen Werfer und Abwurflinie liegt eine Turnmatte (vgl. Abb. 21): *Abb. 21*	Auf ein solches Tor spielen acht bis zehn Spieler. Ein Spieler ist neutraler und ständiger Tormann. Zwei Spieler stehen als Anspieler auf der Matte. Jeder Werfer hat einen Ball. Der Werfer paßt zum Anspieler und bekommt den Ball sofort wieder zurückgepaßt. Der Werfer kann sofort werfen oder bis zur Abwurflinie prellen. Bei Torerfolg bekommt er einen Punkt. *Aufgabenstellung:* • Wer hat zuerst 10 Punkte? • Wer hat in einer vorgegebenen Zeit die meisten Punkte? Wechsel der Zuspieler nach einigen Minuten.
2	Siehe Spiel 1, auf die Matte wird jedoch verzichtet (vgl. Abb. 22) *Abb. 22*	Bei diesem Spiel bilden immer zwei Spieler eine Mannschaft. Ein Paar muß abwehren. Ein Spieler des Paares wird Tormann, der andere Abwehr-spieler. Zwei Angreifer versuchen, gegen den Abwehrspieler eine günstige Wurfmöglichkeit herauszuspielen. Gelingt ein Torerfolg, bleiben sie Angreifer, gelingt kein Torerfolg, wird einer Tormann und der andere Abwehrspieler.
3	Siehe Spiel 2	Ein Spieler ist Torwart, einer ist Abwehrspieler. Die anderen sind Angreifer mit **je** einem Ball. Der Angreifer versucht, prellend gegen den Abwehr-spieler, der die Hände auf dem Rücken haben muß, eine günstige Wurfposition zu erarbeiten. Gelingt ihm ein Tor, bleiben die Rollen gleich, gelingt ihm kein Tor, wird der Angreifer Abwehr-spieler, der Abwehrspieler Torwart und der Tor-wart Angreifer.
4	Völkerball mit jeweils sechs Spielern. In einem Hallendrittel werden zwei Völkerball-felder markiert. *Aufgabenstellungen:* • In einer bestimmten Zeiteinheit mehr Treffer erzielen als die andere Mannschaft. • Zuerst eine bestimmte Anzahl an Treffern er-zielen.	Eine Mannschaft besteht aus sechs Spielern, drei Grenzwächtern und drei Feldspielern. Grenz-wächter und Feldspieler können ihre Position lau-fend wechseln. Allerdings muß ein Spieler, der bereits dreimal getroffen wurde, Grenzwächter bleiben.

III.
Transferspiele – Orientierungsstufe und Grundlagentraining

Einleitung

Die Orientierungsstufe hat in einer Schülerlaufbahn eine Gelenkfunktion: die Kinder und ihre Eltern entscheiden sich aufgrund der Grundschulempfehlung für eine der drei weiterführenden Schulen und hoffen, mit dieser Entscheidung das Richtige für den zukünftigen Schul- und Lebensweg zu tun. Die Schulen haben in diesem Zusammenhang die Aufgabe, ihre neuen Schüler dort abzuholen, wo sie ankommen. Dies bedeutet, daß die in den Klassen 1–4 erworbenen Kenntnisse, Fertigkeiten und Fähigkeiten die Grundlage für den Unterricht in Klasse 5 und 6 darstellen. Dies gilt für alle Fächer und für alle Fachdisziplinen.

Betrachtet man vor diesem Hintergrund das Fach Sport, dann ist zunächst festzuhalten, daß alle drei weiterführenden Schularten in der Orientierungsstufe sowohl die gleiche Zahl von Wochenstunden, als auch annähernd die gleichen Inhalte haben. Einer dieser Inhalte sind die Sportspiele und damit die Weiterentwicklung der Basisspiele zu den großen Mannschaftsspielen. Handball, aber auch Basketball (vgl. KÖNIG 1997b), ermöglichen hierbei die methodisch-didaktisch konsequenteste Weiterführung.

Der Schritt von den Basisspielen zu den Mannschaftsspielen ist aus vielerlei Gründen einer der schwierigsten in der Spielerziehung. So kommen zu den bisherigen spielbestimmenden Voraussetzungen, wie den Fertigkeiten des Prellens sowie des Passens und Fangens und den grundlegenden spieltaktischen Fähigkeiten des Freilaufens und Sich-Anbietens weitere zentrale Elemente hinzu. An erster Stelle ist hier der Torwurf zu nennen. Diese Fertigkeit, auf die in den bisherigen

Spielen ganz bewußt verzichtet wurde, muß jetzt spielgemäß eingeführt werden, was zweierlei Konsequenzen hat:

- Wird der Torwurf im Spiel erlernt, sind solche Spiele einzusetzen, in denen Torwürfe zunächst ohne oder mit geringer Gegnerbehinderung ausgeführt werden können (vgl. Kapitel 8).
- Ergänzend zum Lernen im Spiel werden zum Technikerwerb Übungsprozesse benötigt.

An zweiter Stelle dürfen die durch das Einbeziehen von Gegenspielern entstehenden komplexen Situationen nicht unterschätzt werden. Folglich ist dem Überzahlprinzip Rechnung zu tragen, um bei der spielgemäßen Einführung des Zielschußspiels Handball Komplexität zu reduzieren. Es ist deshalb wichtig, den richtigen methodisch-didaktischen Übergang zu finden, um in Form einer spielerischen Entwicklung zum Zielspiel zu gelangen.

In unserem Vermittlungsmodell des Vier-Stufen-Plans wird dieser Schritt in einem Transfer von der allgemeinen zur spezifischen Spielfähigkeit geleistet. Wir sprechen deshalb auch von *Transferspielreihen*. Im konkreten Fall handelt es sich dabei um zwei Spielreihen, die zunächst getrennt die spieltaktischen Fähigkeiten für den Angriff und für die Abwehr entwickeln und dann in einer immer stärkeren Verzahnung zum Handballspiel 4 plus 1 führen. Gleichzeitig werden in vielfacher Weise die in den Spielen der Grundschule erlernten Fertigkeiten und Fähigkeiten weiter geübt und vertieft, so daß die Gelenkfunktion der Orientierungsstufe auch in dieser Hinsicht wahrgenommen wird.

8 Vom Aufsetzerball und Tigerball zum Handball 4 plus 1

Die erste Spielreihe, welche vom Aufsetzerball als Grundspiel ausgeht, beinhaltet außer den Techniken Passen, Fangen und Werfen bereits das taktische Grundmuster aller großen Ballspiele: Umschalten von Abwehr auf Angriff bei Ballbesitz und umgekehrt, d. h. ein gezieltes direktes Laufen und Passen nach vorn bei Ballgewinn, sowie ein sofortiges Zurücklaufen und Abwehren bei Ballverlust bzw. Torwurf. Dies wird – ausgehend vom einfachen Aufsetzerball ohne direkten Gegenspieler – anschließend durch die Hinzunahme von Gegenspielern im eigenen Feld erschwert.

Hier setzt dann die zweite Spielreihe ein, die die Entwicklung der spieltaktischen Grundfähigkeiten nach Verlust des Balles (d. h. nach Fang- oder Abspielfehlern, bzw. nach Torwurf) einleitet. Wir sind der

Überzeugung, daß gerade Kinder in dieser Altersstufe sich nicht auf ein reines Abwehren von Würfen beschränken sollen, sondern – ihrem Entwicklungsstand entsprechend – versuchen sollen, den verlorenen Ball sofort „zurückzuerobern", d. h. durch Abfangen gegnerischer Pässe oder durch Herausspielen des Balles in Ballbesitz zu kommen. Diese zweite Spielreihe geht aus vom Grundspiel Tigerball, welches dann weiterentwickelt wird zum Parteiball in Überzahl und letztlich zur Manndeckung. Wichtig dabei ist, daß parallel zu den Spielreihen die Abwehrtechniken (u. a. Herausspielen des Balles beim Dribbling) geschult werden. Dies führt zu einem aktiven Abwehrverhalten, welches unabdingbar für den Erfolg und letztlich auch die Grundlage für eine Erziehung im Sinne von Fairplay ist.

Die erste Spielreihe: Aufsetzerball

1 Spielziel

Ein Spielfeld ab einer Größe von etwa 6 × 12 m wird in der Mitte durch Bänke, Bänder o. ä. halbiert. Die Grundlinie jeder Spielfeldhälfte ist das Tor, welches durch Stangen, Hütchen o. ä. markiert wird. Die Zahl von fünf Spielern pro Mannschaft kann je nach Klassengröße und Raumverhältnissen nach oben oder unten korrigiert werden. Auch die Torbreite kann variabel gewählt werden. Es ist somit möglich, in einem Hallendrittel drei gleich große Spielfelder zu markieren.

Jede Mannschaft besteht aus fünf Spielern, die im Fall des Ballbesitzes den Ball schnell bis zur Markierung in der Spielfeldmitte vorspielen (passen), um dann

mit einem Aufsetzerwurf ein Tor zu erzielen. Die Mannschaft ohne Ball versucht, durch das Abwehren dieses Wurfes ein Tor zu verhindern und gleichzeitig selbst in Ballbesitz zu kommen.

2 Spielorganisation

Der sehr einfache Spielgedanke erfordert im Hinblick auf die angestrebte Spielentwicklung nur einfache organisatorische Voraussetzungen und wenige Regeln:

- Tore können nur durch Aufsetzerwürfe (indirekt) erzielt werden. Hierdurch wird einerseits ein korrekter Bewegungsablauf des Schlagwurfes geschult, andererseits verlieren die Schüsse etwas an Stärke und können so auch von ängstlichen Schülern ab- gewehrt werden. Außerdem sind Kopf- treffer vermeidbar.

- Der Wurf muß vor der Mittellinie (Mar- kierung) erfolgen, wobei der Ball nach vorn gepaßt wird und nicht getragen oder geprellt werden darf (ein oder zwei Pässe müssen gespielt werden).

- Derselbe Spieler darf nicht zweimal hintereinander werfen (Vermeiden von sog. „Alleinunterhaltern").

- Darüberhinaus bietet sich bei diesem Spiel die Einführung der Drei-Schritt- Regel an.

Der zweite Schritt erfolgt durch die Ein- beziehung eines gegnerischen Spielers in der eigenen Spielhälfte („Indianer"). Die- ser hat folgende Aufgaben:

- Er soll versuchen, Pässe der angreifen- den Mannschaft abzufangen und sei- ner Mannschaft zurückzuspielen (Ball- gewinn und damit Verhindern eines Torwurfes).

- Er darf (ohne Körperkontakt) mit Ar- men und Körper die Würfe des Geg- ners stören oder verhindern.

- Er darf allerdings selbst nicht werfen, da er sich über der Mittellinie befindet.

Bei entsprechenden Spielfortschritten können zwei Spieler in der jeweils ande- ren Spielhälfte eingesetzt werden, wobei sich die Spielerzahl pro Mannschaft im ei- genen Feld auf drei verringert.

Nach Beherrschung dieser Grundformen kann eine weitere Wurftechnik, der Sprungwurf, eingeführt werden (vgl. hier- zu Kapitel 9). Gerade in diesem Spiel mit sehr vielen Wurfaktionen wird der Sprungwurf sinnvoll und intensiv geübt und angewendet.

Der dritte bedeutsame Schritt erfolgt durch die Veränderung des Spielfeldes und der Verkleinerung des Tores auf 3 × 2 Meter (Weichbodenmatte, Malstangen, etc.). Die Abwurflinie (bisher zugleich Mittellinie) wird in Form von zwei Halb- kreisen Richtung Tor verlegt (fünf – sechs Meter Radius von der Tormitte). Dieser Torraum darf nur noch von einem Torwart betreten werden, der die Bälle mit Händen, Armen, Füßen und Körper abwehren darf, während die sog. Feld- spieler die gelernten Abwehrtechniken anwenden. Die Funktion der beiden „In- dianer" bleibt zunächst bestehen, d. h. sie erfüllen in der gegnerischen Spielhälfte ihre Aufgaben und verteidigen nicht in der eigenen Hälfte. Allerdings dürfen sie jetzt im Angriff ihrer Mannschaft mitspie- len und selbst auf das Tor werfen, da sie außerhalb des Torraums sind. Durch die- se Beschränkung des Aufgabenbereichs der „Indianer" ist die angreifende Mann- schaft weiterhin in Überzahl, denn ihre Aufgabe ist komplexer und damit schwie- riger.

Der letzte Schritt erfolgt in der Zusam- menführung beider Spielreihen zum Handballspiel 4 plus 1, d. h. die räumliche Begrenzung für die „Indianer" wird abge- baut. So entsteht ein Spiel 4 gegen 4 über das ganze Spielfeld, wobei jetzt jeder Feldspieler dieselben Aufgaben im An- griff und in der Abwehr hat.

Die zweite Spielreihe: Tigerball/Parteiball

1 Spielziel

Zwei oder mehr Spieler („Tiger") versu- chen, in einem Spielerkreis (Durchmesser sechs bis acht Meter) Pässe abzufangen, d. h. den Ball zu „erobern" und dadurch Punkte zu gewinnen oder ihre Rolle mit der des Werfers zu tauschen. In dieser Vorstufe des Abwehrspiels werden Reak- tion, Antizipation und Gewandtheit erlernt und geübt. Für die Angriffsspieler ist die

Entwicklung von Wahrnehmungs- und Entscheidungsverhalten beim Passen und das Passen unter Zeitdruck vorrangig.

2 Spielorganisation

In einem Kreis von bis zu acht Spielern versuchen zwei „Tiger", die Pässe abzufangen. Dabei können sie entweder mit Punkten (Spielzeit zwei bis drei Minuten; wer hat am Ende am meisten Punkte) oder durch Rollenwechsel mit dem Werfer belohnt werden.

Die Zahl der Werfer wird in dem Maße verringert, wie die Zahl der „Tiger" erhöht wird (Zwischenschritte sind leicht möglich). Dabei gelten folgende Regeln:

- Beim Verhältnis 8 gegen 2 und 7 gegen 3 dürfen die direkten Nebenspieler links und rechts nicht angespielt werden.
- Der Ball darf nur indirekt, gerollt oder direkt in Kopfhöhe gespielt werden (d. h. keine Bogenbälle).
- Die „Tiger" dürfen Hände und Füße benützen, um in Ballbesitz zu kommen.

Bei der Veränderung des Verhältnisses auf 6 gegen 4 wird der Kreis als Ordnungsrahmen aufgelöst und in einem abgegrenzten Spielfeld gespielt. Der Ball darf nun allen Mitspielern, welche frei und anspielbar sind, zugepaßt werden. Der Ballhalter darf, um die Schrittregel einzuhalten, im Notfall auch tippen. Dies ermöglicht den Gegenspielern, außer Bälle abzufangen auch Bälle beim Tippen herauszuspielen. Pässe, die das Spielfeld verlassen, werden als Punkte für die Unterzahlmannschaft gewertet.

Über das Spielerzahlverhältnis 5 gegen 5 mit einem neutralen Anspieler, der immer mit der ballbesitzenden Mannschaft zusammenarbeitet, kommen wir zum Parteiball in Gleichzahl. Jetzt werden weitere Regeln wie Einwurf und Freiwurf bei Fehlern im Verhalten zum Gegner eingeführt.

In dieser Form wird das Parteiballspiel mit der letzten Stufe des Aufsetzerballs zusammengefaßt und als Parteiballspiel auf zwei Handballtore (entspricht dem Handballspiel mit Manndeckung) gespielt.

3 Unterrichtsplanung und Stoffverteilungsplan für beide Spielreihen

Da es sich bei dem vorgestellten Lehrweg um ein Ineinandergreifen zweier sich ergänzender Spielreihen handelt, deren Inhalte und Lehrziele aufeinander aufbauen, empfiehlt es sich, diese Einführung in Form eines Epochenunterrichts zu erteilen. Die Erfahrungen zeigen, daß gerade in dieser Form das angestrebte Ziel am besten erreicht wird.

Diese beiden Epochen können dann entweder auf zwei Schulhalbjahre oder aber – und aus unserer Sicht besser – auf zwei Schuljahre, nämlich die Klassen 5 und 6 verteilt werden.

Allerdings ermöglichen die einzelnen Schritte dieser Konzeption auch ein Wiederholen bzw. Vertiefen durch eine zweite oder dritte Unterrichtsstunde bzw. das Wiederholen zu einem späteren Zeitpunkt im Rahmen eines anderen Unterrichtschwerpunktes. Somit bleibt die Möglichkeit einer Streckung oder einer Verkürzung entsprechend dem Leistungsstand der Klasse.

Die Stoffverteilung der in Abschnitt 4 vorgestellten Unterrichtseinheiten gliedert sich in zehn Unterrichtseinheiten, die allerdings nicht zwingend in einem Schuljahr durchzuführen sind. Realistisch ist vielmehr, eine Zweiteilung nach Erreichen einer bestimmten Stufe, etwa nach der Hälfte, durchzuführen und die gesamten Inhalte auf zwei Schuljahre zu verteilen.

Tabelle 10: Stoffverteilungsplan für die Klassen 5 und 6.

UE	Unterrichtsinhalte	Bemerkungen
1	Wiederholung von Passen und Fangen sowie Schlagwurf als Zielwurf.	Anknüpfung und Wiederholung von Basisspielen der Grundschule.
2	Einführung von Tigerball mit zwei bzw. drei Tigern (Stufe 1 und 2). Tigerball als Wettkampf zweier Mannschaften.	Passen und Fangen mit Gegenspielern. Blickverbindung, Wahrnehmung in Verbindung mit Technik. Ball abfangen, erobern; in Ballbesitz kommen als wesentliches Ziel.
3	Einführung der Grundform Aufsetzerball mit der Drei-Schritt-Regel (Stufe 1).	Anknüpfung an die GS mit Einführung zusätzlicher Regeln.
4	Vom Tigerball zum Parteiball in Überzahl mit Auflösung von Ordnungsformen (Stufe 3).	Einführung von regelgerechten Abwehrtechniken.
5	Aufsetzerball mit Elementen des Tigerballs (Stufe 2). Einführung des Sprungwurfes (vgl. Kapitel 9).	Gegenspieler in der eigenen Spielhälfte, Herausspielen einer Wurfgelegenheit, Einführung von einfachen Sprungwurfvariationen (vgl. Kapitel 9).
6	Wiederholung und Erschwernis des Aufsetzerballs durch Verbindung mit Parteiball in Überzahl (Stufe 3).	Freilaufen als wesentliches spieltaktisches Verhalten zusammen mit dem Herausspielen einer Torwurfgelegenheit.
7+8	Parteiball in Gleichzahl mit Zusatzaufgaben in verschiedenen Spielformen.	Anwendung von Abwehrtechniken, Verantwortung für den Gegenspieler übernehmen, Freilaufen und Passen im Lauf und in den Lauf als wesentliche Grundvoraussetzungen, Einführung der Handballregeln im Verhalten zum Gegner.
9	Übergang vom Aufsetzerball zum Handballspiel mit Überzahlangriff.	Aus der Abwurflinie werden zwei Halbkreise, Verkleinerung des Tores, nur noch ein Torwart.
10+11	Vom Handball mit Überzahlangriff zum Handball mit Gleichzahl und Manndeckung.	Aufheben der besonderen Regelungen, Einführung weiterer Handballregeln.

4 Unterrichtsinhalte

UE	Aufwärmen	1. Spielreihe: Aufsetzerball / 2. Spielreihe: Tigerball/Parteiball	Didaktisch-methodische Hinweise	Vorbereitende Spiel- und Übungsformen
1	**Spielform Atomspiel:** Alle Spieler prellen in einem begrenzten Feld je nach Aufgabenstellung im Lauf vorwärts, rückwärts, seitwärts, im Hopserlauf, mit der linken oder rechten Hand. Je nach Hand- und Fingerzeichen des Lehrers müssen alle Schüler prellend Dreier- oder Vierergruppen bilden. Dabei darf der Ball nicht festgehalten werden. Der oder die letzten machen Zusatzaufgaben.	**Spielreihe Tigerball/Parteiball (1):** Zwei „Tiger" müssen die Pässe zwischen den Spielern abfangen (je Ball einen Pkt.). Die Nebenspieler links und rechts dürfen nicht angespielt werden. Untersagt sind Bogenbälle, gefordert sind Paßvariationen (rollen, direkt, indirekt). Vgl. Abb. 23. *Abb. 23*	Punktwertung auf Zeit oder Kreise spielen gegeneinander, indem der jeweils andere Kreis die Tiger stellt.	**Übungsform 1:** Acht Spieler im Kreis passen sich einen oder zwei Bälle (je nach Könnensstand) gleichzeitig zu. Paß in Kopfhöhe und nur bei Blickverbindung mit dem Anspielpartner.
2	**Fangspiel „Stehbock/Laufbock" mit Prellen:** Alle Schüler haben einen Ball. Je nach Schülerzahl versuchen drei oder vier Fänger die anderen abzuschlagen, die dann im Stand weiterprellen. Sie können jedoch durch einen Ballwechsel (gleichzeitiges indirektes Passen) mit einem „freien" Spieler befreit werden. Wenn alle Spieler „stehen", werden die Fänger gewechselt.	**Spielreihe Tigerball/Parteiball (2):** Tigerball 7 gegen 3.	Erschwernis durch Erhöhung der Zahl der „Tiger" und Verkleinerung der Spielerzahl.	

UE	Aufwärmen	1. Spielreihe: Aufsetzerball / 2. Spielreihe: Tigerball/Parteiball	Didaktisch-methodische Hinweise	Vorbereitende Spiel- und Übungsformen
3	Alle Schüler prellen im Wurfkreis (Freiwurfkreis). Mit der freien Hand versucht jeder, dem anderen den Ball herauszuspielen. Die Bälle dürfen dabei nicht festgehalten werden. Rollt der herausgespielte Ball über eine Begrenzungslinie, muß der betreffende Schüler eine Zusatzaufgabe (z. B. Lauf zum anderen Tor, fünf Würfe gegen die Wand) machen. Hinweis: immer wieder unterschiedliche Bälle (Volleybälle, Basketbälle, Gymnastikbälle) verwenden.	**Spielreihe Aufsetzerball (1):** Spiel 5 gegen 5 mit einer Markierung in der Mitte. Jede Mannschaft ist ohne Gegenspieler in ihrer Hälfte. Die Spielfeldbreite ist das Tor (Stangen) (vgl. Abb. 24): *Abb. 24*	**Regeln:** • Bei Ballbesitz muß mindestens *ein* Paß nach vorn gespielt werden oder die genaue Paßanzahl wird vorgegeben. • Tore können nur durch Schlagwurfaufsetzer erzielt werden. • Derselbe Spieler darf nicht zweimal hintereinander werfen. • Bei Ballverlust verteidigen alle Spieler ihr Tor.	**Übungsform 1:** Seitliches Passen und Fangen im Vorwärtslauf mit anschließendem Torwurf und Seitenwechsel (vgl. Abb. 25): *Abb. 25*
4	**Abwurfball:** Zwei Schüler spielen sich in der Zweiergruppe im Lauf den Ball zu (direkt, indirekt, rollend). Auf Pfiff legt der jeweilige Ballhalter (A) den Ball ab und läuft weg. Der Partner (B) muß den Ball schnell aufnehmen und versuchen, den „flüchtenden" Spieler (A) (an den Beinen) abzuwerfen (auch mit Punktewertung).	**Spielreihe Tigerball/Parteiball (3):** „Parteiball in Überzahl".	Freilaufen im begrenzten Feld mit dem Versuch a) möglichst in einer bestimmten Zeit viele Pässe zu spielen, b) möglichst viele Bälle in einer bestimmten Zeit abzufangen. Ballverluste ins Aus zählen zugunsten der Unterzahl. Bei der Spielform Brückenwächter müssen die prellenden Schüler ständig Täuschungen durchführen (vgl. Kapitel 9).	**Spielform 1 „Brückenwächter":** Die zwei Brückenwächter versuchen, den prellenden Spielern beim Überqueren der Brücke den Ball regelgerecht herauszuspielen. Die Bälle dürfen nicht festgehalten werden (auch möglich bei „Schwarzer Mann") (vgl. Abb. 26): *Abb. 26*

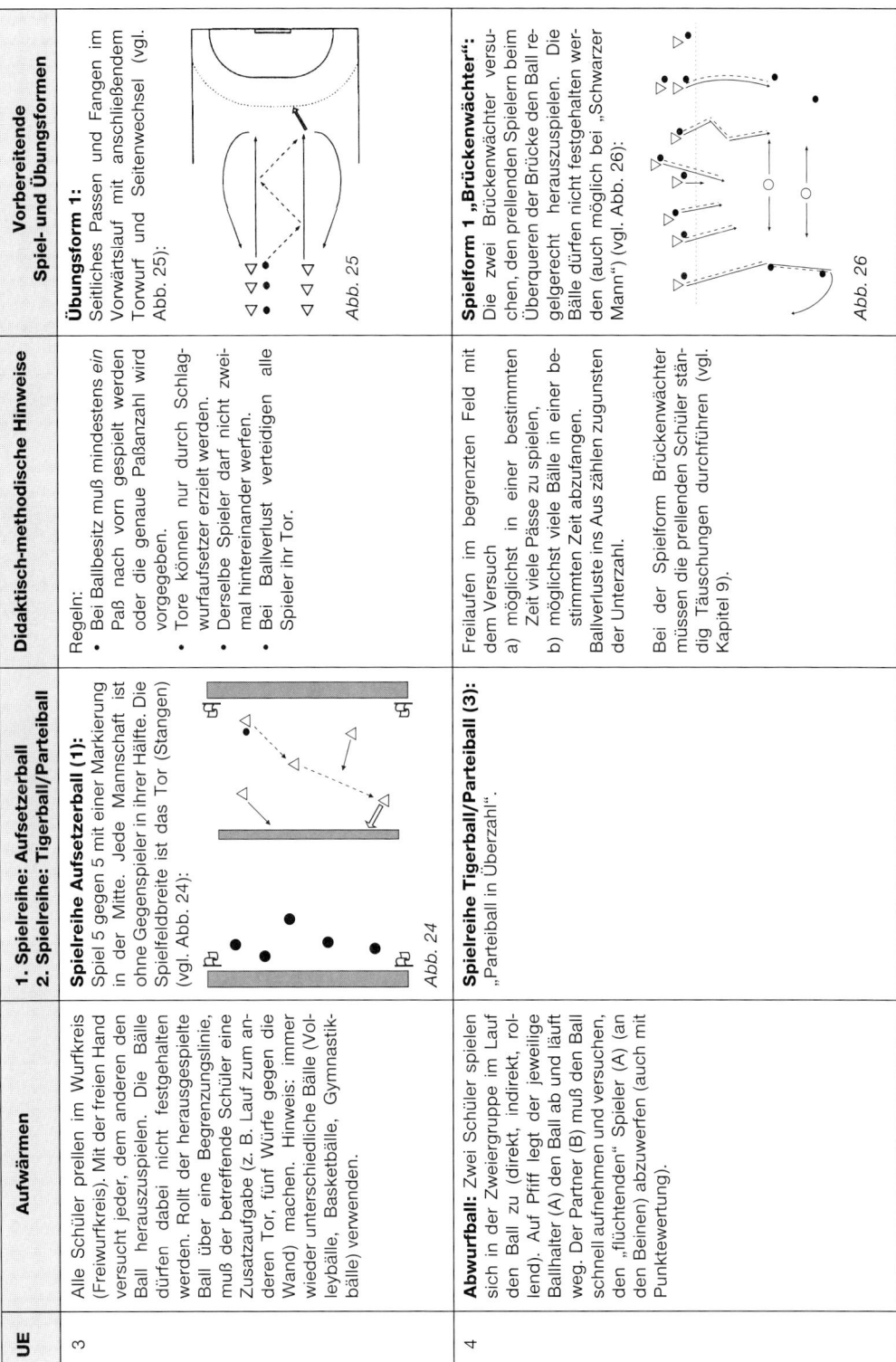

UE	Aufwärmen	1. Spielreihe: Aufsetzerball 2. Spielreihe: Tigerball/Parteiball	Didaktisch-methodische Hinweise	Vorbereitende Spiel- und Übungsformen
5	Fangspiel mit Matten (frei im Raum verteilt). Zwei bis drei Fänger (je nach Schülerzahl) müssen die prellenden Mitschüler abschlagen. Als Regel gilt, daß die Fänger nur *um* die Matten, die freien Spieler jedoch *über* die Matten laufen oder springen dürfen. Bei Abschlag erfolgt Rollenwechsel. Erschwernis für die Fänger: sie müssen ebenfalls prellen. (Auch mit Langbänken statt Matten möglich.)	**Spielreihe Aufsetzerball (2):** Aufsetzerball mit einem „Indianer" (Gegner) (vgl. Abb. 27): 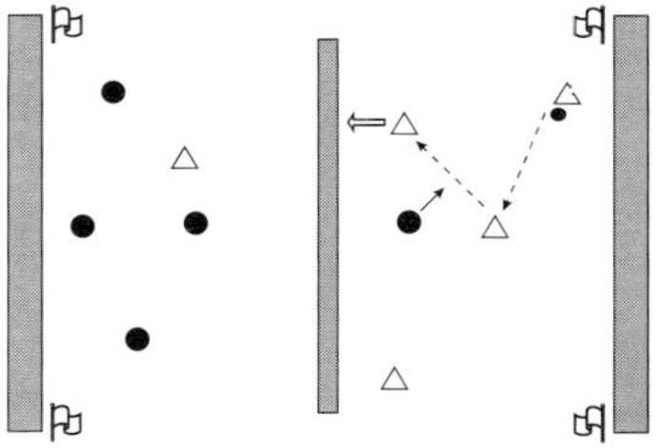 *Abb. 27*	Der Gegenspieler im eigenen Feld darf: • Pässe abfangen und seiner Mannschaft zurückspielen • die ballbesitzende Mannschaft beim Wurf stören. Der Gegenspieler („Indianer") darf selbst nicht auf das Tor werfen!  	**Übungsform 1:** Passen und Fangen in der Vorwärtsbewegung. Herausspielen einer Torwurfchance gegen einen Abwehrspieler (vgl. Abb. 28): 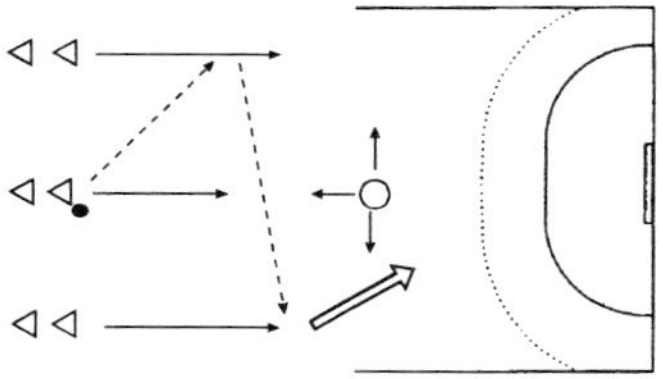 *Abb. 28*
6	Dreiergruppen spielen sich im freien Lauf mit je einem Ball zu (direkt, indirekt, rollen, links und rechts). Auf Pfiff legt der jeweilige Ballhalter den Ball ab und läuft weg. Die beiden anderen nehmen den Ball auf und versuchen, durch schnelles Passen den „Flüchtenden" einzukreisen und mit Druckwurf (beidhändig) abzuwerfen. (Erschwernis: der „Flüchtende" muß mit dem Ball berührt werden).	**Spielreihe Aufsetzerball (3):** Aufsetzerball 3 gegen 2.	Erschwernis der Spielsituation für die angreifende Mannschaft, schnellere Entscheidung und Durchführung von Spielhandlungen. Lauf in den freien Raum nach vorn (evtl. Tor verkleinern).	**Übungsform 1:** Herausspielen einer Torwurfgelegenheit 3 gegen 2 (vgl. Abb. 28)

UE	Aufwärmen	1. Spielreihe: Aufsetzerball 2. Spielreihe: Tigerball/Parteiball	Didaktisch-methodische Hinweise	Vorbereitende Spiel- und Übungsformen
7	Schattenlaufen in der Zweiergruppe, jeder mit einem Ball. Der vordere Schüler versucht, möglichst viele Übungen mit Ball und mit verschiedenen Bewegungen zu kombinieren, die der hintere Partner möglichst genau nachmachen muß (z. B.: Ball rollen, prellen, hochwerfen und fangen, dito mit links und rechts, dabei vorwärts, rückwärts, seitwärts laufen, hüpfen beid- und einbeinig, kriechen, Spinnengang, Armkreisen, Hopserlauf usw.) Rollenwechsel nach einigen Minuten.	**Verzahnung der Spielreihen (1):** Parteiball 3 gegen 3 mit einem Neutralen: In einem begrenzten Feld mit je einem Reifen an jeder Ecke spielen zwei Mannschaften gegeneinander. Die ballbesitzende Mannschaft muß versuchen, den Ball kurz in einem Reifen abzulegen (ein Punkt). Die Mannschaft mit den meisten Punkten in einer bestimmten Zeit hat gewonnen (vgl. Abb. 29): *Abb. 29*	Der neutrale Anspieler ist Anspielpartner für die ballbesitzende Mannschaft, darf jedoch keine Punkte erzielen. Bei Pässen ins Aus bekommt der Gegner Einwurf.	**Spielform 1 „Ball abjagen":** Zwei bis vier Fänger ohne Ball versuchen, den prellenden Spielern in einem begrenzten Raum den Ball regelgerecht herauszuspielen. Wenn es gelingt, Rollenwechsel (vgl. Abb. 30). *Abb. 30*
8	Fangspiel mit Ballbesitz als „Freikarte": Ein bis zwei Fänger versuchen, die Mitschüler abzuschlagen. Ein von einem Fänger verfolgter Partner kann durch Anspiel und damit Ballbesitz dem Abschlag entziehen. Es sind je nach Schüler- und Fängerzahl zwei bis drei Bälle im Spiel. Bei regelgerechtem Abschlag erfolgt Rollenwechsel mit dem Fänger.	**Verzahnung der Spielreihen (2):** „Dreifelderball" (vgl. Abb. 31): *Abb. 31*	Neutraler Anspieler bringt zehn Bälle hintereinander ins Feld. Mannschaft A versucht, den Ball von Feld zu Feld in den Kasten bei Feld 3 durchzuspielen. Mannschaft B versucht, dies zu verhindern (Bälle abfangen). Danach Rollenwechsel zwischen A + B. Aufgabenstellungen: • Welche Mannschaft bringt die meisten Bälle durch? • Welche Mannschaft bringt in einer vorgegebenen Zeit mehr Bälle durch?	**Übungsform 1:** In drei Feldern spielen sich je eine Fünfergruppe den Ball im freien Lauf nach der Zahlenfolge zu (evtl. Zusatzaufgaben nach jedem Abspiel einbauen). Variation: Die gleichen Zahlen jeder Gruppe passen sich über die Markierungsgrenzen je einen Ball zu. Wer schafft die meisten Pässe (vgl. Abb. 32)? *Abb. 32*

UE	Aufwärmen	1. Spielreihe: Aufsetzerball 2. Spielreihe: Tigerball/Parteiball	Didaktisch-methodische Hinweise	Vorbereitende Spiel- und Übungsformen
9	**Spielform „Rebounderball":** Spiel 5 gegen 5 (4 gegen 4) auf zwei Basketballbretter. Es darf nicht geprellt, sondern nur einmal getippt werden. Die angreifende Mannschaft wirft den Ball gegen das Basketballbrett. Fällt der zurückspringende Ball auf den Boden, hat die angreifende Mannschaft einen Punkt gewonnen. Die übrigen Regeln entsprechen den Parteiballregeln.	**Verzahnung der Spielreihen (3):** „Überzahl-Handball 4 gegen 2" (vgl. Abb. 33). *Abb. 33*	Aufhebung der Feldmarkierung des Aufsetzerballs. Verschiebung der Abwurfmarkierung (Halbkreis) sechs Meter vor das verkleinerte Tor (3×2 Meter). Spiel über das ganze Feld mit jeweils zwei Spielern aus der eigenen Hälfte und zwei „Indianern" gegen zwei Gegenspieler (Überzahlverhältnis 4 gegen 2, später eventuell 4 gegen 3). Die Aufgaben der „Indianer" bleiben bestehen, zusätzlich kommt jetzt das Mitspielen im Angriff und der Torwurf hinzu. Beim gegnerischen Angriff dürfen sie nur bis zur Mittellinie mitlaufen (stören, Bälle abfangen). Später die Rolle eines „Indianers" aufheben, um zur Überzahlsituation 4 gegen 3 zu kommen.	**Übungsform 1:** Vorspielen eines Angriffs in der Zweiergruppe gegen eine gestaffelte Abwehr von jeweils einem Spieler (vgl. Abb. 34). *Abb. 34*
10	**Spielform „Ballablegen":** Zwei Mannschaften (4 gegen 4 oder 5 gegen 5) versuchen, den Ball auf der gegnerischen Weichbodenmatte abzulegen (Punktgewinn). Wird beim Nach-vorn-Spielen der ballbesitzende Spieler von einem Gegenspieler berührt, muß er den Ball sofort ablegen und der Gegenspieler kommt in Ballbesitz, d. h. jeder Ballhalter muß versuchen, den Ball rechtzeitig abzuspielen. Die übrigen Regeln entsprechen den Parteiballregeln.	**Verzahnung der Spielreihen (4):** Zielform „Handball 4 plus 1" 	Die Rolle des „Indianers" wird aufgehoben. Jetzt wird 4 gegen 4 mit je einem Torwart gespielt. Spiel mit Manndeckung auf zwei Tore. Hinweise auf bestimmte Angriffsräume geben und auf Einhaltung achten. Wichtig: Kein Prellen erlaubt, sondern nur einmal tippen, danach muß abgespielt werden.	**Übungsform 1:** Freilaufen gegen einen Gegenspieler, Doppelpaßspiel, Spiel ohne Ball (vgl. Abb. 35). *Abb. 35*

9 Technikerwerbstraining – Grundstufe

Fertigkeiten im Handball sind dadurch gekennzeichnet, daß sie in ständig variierenden Spielsituationen realisiert werden müssen. Sie gehören deshalb wie die der anderen Sportspiele zu den offenen Fertigkeiten, die auch als situationsangemessene Aufgabenlösungen bezeichnet werden. So müssen Spieler in der Lage sein, einen Schlag- oder Sprungwurf je nach Situation auszuführen, also beispielsweise Anlaufrichtung oder Schrittgestaltung variabel zu verändern. Grundlage dieser von der Spielstruktur geforderten Variationen und deren Anpassung an bestimmte Spielsituationen ist aber das Erlernen der jeweiligen Grundform. Dieses Technikerwerbstraining (DHB 1992) stellt nicht nur im Bereich des Grundlagentrainings, sondern vor allem auch in den Klassen 5 und 6 einen Schwerpunkt dar. Dabei sollte vor allem der Sprungwurf, als der im modernen Handball wichtigste Wurf, im Mittelpunkt stehen (vgl. SINGER 1983, 90; HEINZMANN 1997, 69), zumal es sehr viele unterschiedliche Situationen gibt, die durch eine Sprungwurfvariante angemessen gelöst werden können. Des weiteren sind aber auch die Körpertäuschungen von großer Bedeutung, da sie häufig erst die Voraussetzungen für einen Wurf schaffen. Da solche komplizierten Bewegungsformen Schülern nicht einfach so zufliegen, sind entsprechende planmäßige, zielgerichtete und vor allem spielspezifische Übungsprozesse notwendig.

Es ist deshalb das Anliegen dieses Kapitels, in einem ersten Schritt aufzuzeigen, unter welchen Zielsetzungen ein Technikerwerbstraining durchgeführt werden soll. Dies geschieht am Beispiel des Sprungwurfs, kann aber ohne Probleme auch auf Körpertäuschungen übertragen werden. In einem zweiten Schritt gilt es dann, eine methodische Marschroute für den Technikerwerb zu präsentieren, die aus unserer Sicht die geeignetste ist, den Sprungwurf zu erlernen. Dieses Vorgehen unterscheidet sich allerdings deutlich von dem zur Einführung von Körpertäuschungen, da diese eher ganzheitlich vermittelt werden. Und schließlich stehen auch in diesem Kapitel konkrete Unterrichtsvorschläge im Mittelpunkt, die Lehrern helfen sollen, ihre Unterrichtsplanung und Unterrichtsdurchführung zu erleichtern.

1 Zielsetzungen im Technikerwerbstraining – Grundstufe

Schon die Bezeichnung „Technikerwerbstraining" macht deutlich, daß es in diesem Bereich um den Neuerwerb von Bewegungen, konkret also um das Erlernen der Fertigkeit Sprungwurf und der Körpertäuschung geht. Die Schüler sollen also am Ende dieses Lernprozesses eine Torwurftechnik und eine Täuschung mit Ball können. Schwierigkeiten bereitet in diesem Zusammenhang die Beschreibung dessen, was unter der jeweiligen Grundform verstanden werden soll, da Spielrealität und Fachliteratur an dieser Stelle häufig weit auseinanderklaffen.

Unter Beachtung aktueller Entwicklungstendenzen im Handball und altersgemäßer Besonderheiten schlagen wir deshalb folgende Zielsetzungen vor:

- Schüler sollen die Grundbewegung Sprungwurf nach Prellen und nach Zuspiel ausführen können.

- Die Grundform Sprungwurf wird dadurch charakterisiert, daß sie aus einem Anlauf mit maximal zwei Schritten, der zur Wurfarmseite geht, einem Absprung vom linken (Rechtshänder) Bein, einem Wurf im höchsten Punkt der Flugphase und einer beidbeinigen oder einer Landung auf dem Sprungbein besteht.

- Erste einfache Variationen in diesem Lernprozeß sollen darin bestehen, daß die Schüler lernen, die Anlaufrichtung auch leicht gegen die Wurfarmseite auszuführen und die Sprungbewegung sowohl in die Höhe als auch in die Weite betonen können. Möglichkeiten einer systematischen Schulung weiterer spielnaher Variationen werden dagegen in Kapitel 12 aufgezeigt.

- Bei der Körpertäuschung sollen die Schüler zunächst die Variante zur Wurfarmseite erlernen, da sie wesentlich leichter mit einem Sprungwurf verbunden werden kann. Allerdings kann man alle Übungen, die für diesen Zweck eingesetzt werden, auch für die Einführung der Körpertäuschung zur Wurfarmgegenseite verwenden.

2 Zur Methodik im Technikerwerbstraining – Grundstufe

Vorschläge zur Erarbeitung des Sprungwurfs wurden viele gemacht. Gemeinsam ist ihnen, daß sie mit Hilfe unterschiedlichster Vereinfachungsstrategien arbeiten. Während die einen den Sprungwurf aufgliedern und ihn entweder „von vorne nach hinten" (vgl. hierzu SINGER 1983; BENZ/EIGENMANN 1985) oder aber von der Mitte nach außen (vgl. KÖNIG 1981) wieder zusammensetzen, versuchen andere, ihn durch Timing- oder Kraftunterstützung zu vereinfachen (vgl. BOGDAHN 1976; HINKEL 1978; WILKE 1982). Ganz im Gegensatz zu diesen klassischen Lehrwegen wird im offiziellen Lehrbuch des DHB (1992, 31–33) vorgeschlagen, die Zielebene Sprungwurf über unterschiedlichste Einstiegsstufen zu erarbeiten, die je nach individuellen Voraussetzungen ausgewählt werden.

Aufgrund der Tatsache, daß Lehrer niemals die Zeit und auch nicht die Voraussetzungen haben, so individualisierend vorzugehen, wird bei der Erarbeitung des Sprungwurfs in Klasse 5 oder 6 ein verbindlicher methodischer Weg vorzuziehen sein, der aber trotzdem die Möglichkeiten einer Binnendifferenzierung offenläßt. Eine weitere Überlegung schränkt die Auswahl ein. Lehrwege, die eine Rhythmus- und Anlaufschulung an den Beginn stellen, widersprechen dem Prinzip einer spielgemäßen Methodik. Folglich gilt es, den Torwurf von Anfang an in das Zentrum des Erwerbsprozesses zu stellen (vgl. KÖNIG 1981). Ein solches Vorgehen entspricht den Grundsätzen des Lehrens nach Funktionsphasen (GÖHNER 1975; 1983), womit eindeutige Strukturierungsgesichtspunkte festgelegt werden, die folgendermaßen zusammengefaßt werden können: Inhalt der ersten Lernstufe muß die Hauptfunktionsphase der Bewegung sein. In den folgenden Lernstufen werden die vor- und nachgeschalteten Hilfsfunktionsphasen schrittweise erarbeitet. Ein solches Vorgehen läßt sich für den Sprungwurf allerdings nicht völlig umsetzen, da ein Werfen in der Luft ohne vorheriges Abspringen nicht möglich ist (vgl. hierzu KÖNIG 1981). Trotzdem muß die Kernidee dieses Lehrverfahrens erhalten bleiben, auch wenn bezüglich der Gestaltung einzelner Lernstufen Zugeständnisse gemacht werden müssen. Weiterhin ist der Lehrweg so zu gestalten, daß er bereits relativ frühzeitig erste Möglichkeiten zur Erarbeitung von Variationen des Sprungwurfs anbietet, ohne allerdings sofort ein systematisches Variationstraining (vgl. hierzu Kapitel 12) anzustreben. In diesem Sinne werden die im folgenden Abschnitt vorgestellten Unterrichtsinhalte zunächst die in den Zielsetzungen beschriebene Technik in mehreren Lernstufen ansteuern, um sie dann in einfachsten Formen zu variieren.

Beim Erlernen der Grobform der Körpertäuschung (Technikerwerb) ist ein anderes Vorgehen zu wählen. Es ist grundsätz-

lich davon auszugehen, daß diese Bewegung ganzheitlich eingeführt werden muß. Eine Vereinfachung der Lernsituation erfolgt hingegen mit Hilfe einer Temporeduzierung, dem „slow-motion"-Üben. Die Zieltechnik wird dann über eine Temposteigerung angestrebt, wobei anschließend durch Hinzunahme eines Gegenspielers zusätzlich die Komplexität gesteigert werden kann.

3 Unterrichtsinhalte

Baustein 1: Erlernen der Sprungwurfbewegung mit Rhythmisierungs- und Absprunghilfe

Lernschritt	Didaktisch-methodische Hinweise
• Die Schüler stehen auf einem Kastendeckel und halten einen Ball in den Händen. Die Bewegung wird bei Rechtshändern durch einen Rechtsschritt, bei Linkshändern durch einen Linksschritt auf den Boden eröffnet (1). Der zweite Schritt erfolgt auf das Absprungbrett und leitet die Sprungbewegung ein (2). Die bereits erlernte Schlagwurfbewegung wird in der Luft (als Torwurf) durchgeführt. Die Landung erfolgt entweder auf dem Sprungbein oder beidbeinig vor der Sprunghilfe (vgl. Abb. 36).	• Eine bogenförmige Anlaufbewegung unterstützt die Körperverwringung, das heißt, bei Rechtshändern soll die linke Schulter nach vorne gebracht werden. *Abb. 36* 1 2
• Die Werfer ergreifen den Ball aus der Hand eines Mitschülers (A) im Moment des Auftaktschrittes vom Kastendeckel (vgl. Abb. 37).	• Der Mitschüler kann seinen Standort variieren: rechts und links, allerdings sollte er sich zunächst auf der Wurfarmseite befinden (Abb. 37). *Abb. 37* (A)
• Die Werfer erhalten den Ball während des ersten Schrittes von einem Mitspieler (A) zugespielt, wobei die Entfernung des Zuspielers zunächst max. zwei Meter betragen sollte (vgl. Abb. 38).	• Die Zuspieler variieren ihren Standort (von links, von rechts) (Abb. 38). *Abb. 38* (A) • Paßentfernung steigern
• Die Schüler springen so ab, daß sie den Sprung einmal betont nach vorne (Sprungwurf weit) und einmal bewußt nach oben (Sprungwurf hoch) ausführen.	• Variante „weit": Linien-Graben überspringen. • Variante „hoch": Über einen Mitspieler werfen.

Baustein 2: Einfache Variationen der Grundbewegung

Lernschritt	Didaktisch-methodische Hinweise
• Die Schüler stehen auf einem Kastendeckel und halten einen Ball in den Händen. Die Bewegung wird bei Rechtshändern durch einen Rechtsschritt, bei Linkshändern durch einen Linksschritt auf den Boden eröffnet (vgl. Baustein 1). Allerdings haben sie jetzt die Möglichkeit, sich zwischen zwei Sprunghilfen zu entscheiden und den Sprungwurf entweder mit Laufrichtung eher zur oder eher gegen die Wurfhand auszuführen (vgl. Abb. 39).	• Die Schüler üben zunächst eine, dann die andere Variante. Schließlich wechseln sie die Anlaufrichtung systematisch ab. • Die Variante gegen die Wurfhand erfordert ein akzentuiertes Nachvornenehmen der linken Schulter während der Ausholphase. • Aufbau: (Abb. 39) *Abb. 39*
• Der beschriebene Übungsablauf wird jetzt schrittweise wie im ersten Baustein variiert, also Ball aufnehmen, Ball zuspielen, etc.	• Abstand des Zuspielers steigern.
• Die Entscheidung für eine Laufrichtung wird jetzt durch einen Mitspieler provoziert, der sich im Moment der Bewegungseröffnung vor ein Sprungbrett stellt und dadurch diesen Weg blockiert.	• Der Verteidiger muß zunächst seine Absicht sehr früh zu erkennen geben.

Baustein 3: Sprungwurfbewegung nach Abbau der Rhythmisierungs- und Absprunghilfe

Lernschritt	Didaktisch-methodische Hinweise
• Schritt 1: Abbau der Rhythmisierungshilfe (Kastendeckel) unter Beibehaltung der Absprunghilfe. Die Schüler beginnen ihren Anlauf etwa zwei Meter vor dem Sprungbrett und führen die erlernte Bewegung aus.	• Die Sprunghilfe ermöglicht nach wie vor eine längere Flugphase, was eine bessere Koordination der Wurfbewegung zur Folge hat. • Varianten des Bausteins 2 können ebenfalls eingebaut werden.
• Schritt 2: Abbau der Sprunghilfe. Anstelle eines Sprungbrettes wird in einer ersten Phase ein Kastendeckel benutzt, bevor letztendlich vom Boden abgesprungen wird.	• Wenn möglich, diesen Schritt auf zwei Stunden verteilen. • Varianten des Bausteins 2 können ebenfalls eingebaut werden.
• *Zielform 1:* Sprungwurf nach Doppelpaß mit einem Zuspieler, der entweder rechts oder links stehen kann.	• Bei der Ausführung der Gesamtbewegung muß der Lehrer auf die Anlaufgestaltung achten. • Wichtig: kurzer und schneller Anlauf.
• *Zielform 2:* Sprungwurf nach Prellen aus größerer Distanz, etwa von der Mittellinie oder als Prellgegenstoß vom anderen Wurfkreis.	• Diese Technikvariante stellt eine notwendige Voraussetzung für das Thema „Gegenstoß" in der Oberstufe dar.

Baustein 4: Erlernen der Körpertäuschung zur Wurfarmseite

Lernschritt	Didaktisch-methodische Hinweise
• Zwei Schüler, A und B, stehen sich im Abstand von etwa 6–7 m gegenüber. Vor jedem Spieler steht im Abstand von 1 m ein Hütchen. A ist in Ballbesitz und führt in Zeitlupe eine Körpertäuschung zur Wurfarmseite aus, wobei folgende Schrittgestaltung zu beachten ist: 1. Schritt: mit dem linken Bein nach links. 2. Schritt: mit dem rechten Bein nach rechts. 3. Schritt: das linke Bein wird jetzt ebenfalls am Hütchen vorbei nach vorne rechts gesetzt. Anschließend Zuspiel zu B, als Schlag- oder Sprungwurf.	• Es ist vor allem darauf zu achten, daß die Schrittregel eingehalten wird. Deshalb sollte zu Beginn bewußt langsam geübt werden. • Insgesamt ist darauf zu achten, daß die gesamte Bewegung mit dem zweiten Schritt auch nach vorne (zum Tor) geht, um einen Raumgewinn zu erzielen. • Das Übungstempo ist allmählich zu steigern.
• Jeder Spieler erhält zusätzlich einen Zuspieler, der seitlich vom Hütchen steht (Abstand: 2 m). A und B vergrößern ihren Abstand zum Hütchen auf 4–5 m. A spielt den Ball zu seinem Zuspieler, läuft an und erhält den Ball per Übergabe zurück. Er führt dann in Zeitlupe die Körpertäuschung zur Wurfarmseite aus. • Varianten: ⇒ Steigerung des Tempos. ⇒ Zuspieler auf der Wurfarmgegenseite. ⇒ Passiver Verteidiger statt Hütchen.	• Der Zuspieler sollte zunächst auf der jeweiligen Wurfarmseite von A oder B stehen. • Zur Schrittregel: Wenn der Angreifer den Ball auf einem Rechtsschritt annimmt, hat er immer noch das Recht, drei ganze Schritte auszuführen. Die Ballannahme auf rechts ist deshalb als Idealfall zu betrachten. • Alternative: Nimmt ein Schüler den Ball mit einem Linksschritt an, benötigt er einen weiteren Rechtsschritt, um in die in Lernschritt 1 beschriebene Schrittfolge zu kommen. Dann muß er vor dem letzten Schritt einmal prellen.
• Drei Schüler arbeiten zusammen, wobei eine Dreiecksaufstellung eingenommen wird. A und B üben die Körpertäuschung, C fungiert als Zuspieler. A spielt zu C, läuft in den Rückpaß hinein, führt sofort nach Ballannahme eine Körpertäuschung (wie oben) durch und paßt per Sprungwurf zu B.	• Vor allem zu Beginn sollte ein Hütchen als Orientierungshilfe verwendet werden. In dieser Übung müßte es zwischen A bzw. B und C stehen. Abstand: wie oben.
• Anwendung der Körpertäuschung im Rahmen von Torwurfübungen. Beispiele: 1. Es werden drei Reihen gebildet, die einen Abstand von 10–12 m zum Tor haben. Jede dieser Gruppen hat einen Zuspieler, der der Gruppe im Abstand von 4–5 m mit dem Rücken zum Tor gegenübersteht und somit auch als passiver Verteidiger fungiert. Der erste Spieler von Reihe 1 spielt seinen Zuspieler an, erhält den Ball zurück und führt sofort die erlernte Täuschung aus, die er mit Sprungwurf auf das Tor abschließt. 2. Dieselbe Übung ist im Wechsel auf den beiden Außenpositionen zu absolvieren, wobei die beiden Zuspieler jetzt von der Seite (aus dem Rückraum) zuspielen. Folglich sind zwei zusätzliche Verteidiger einzuplanen.	• Bei der Durchführung der Körpertäuschung ist in beiden Übungen darauf zu achten, daß zwischen Angreifer und Verteidiger etwa 1 m Abstand ist. Ansonsten ist die Gefahr des Stürmerfouls sehr groß. • Die Verteidiger müssen am Anfang passiv sein. Erst wenn die Angreifer in der Lage sind, die Körpertäuschung dynamisch durchzuführen, können sie halbaktiv arbeiten.

4 Zusammenfassung

Technikerwerbs- und auch Technikvariationstraining in den Sportspielen müssen die besonderen strukturellen Vorgaben dieser Sportarten berücksichtigen. Konkret zeigte sich dieses Prinzip in dreierlei Hinsicht:

- Der Übungsprozeß muß so gestaltet werden, daß jederzeit die Verbindung zum übergeordneten Unterrichtsziel, dem Erlernen eines Sportspiels für jedermann, also vor allem auch für Schüler, erkennbar sein muß. Lehrer haben in diesem Zusammenhang auch die Aufgabe, diese Beziehung zwischen Spiel und Technik durch Informationen zu verdeutlichen.

- Der Einsatz spezifischer Techniken in Spielsituationen erfordert, daß Spieler in der Lage sind, eine Technik in vielfältiger Weise zu variieren. Dies hat zur Konsequenz, daß auch im Prozeß des Erlernens schon frühzeitig kleine Variationen eingebaut werden müssen (vgl. Baustein 2). Auch die Spielformen eignen sich dazu, solche Varianten einzufordern und Schüler dazu zu zwingen, etwa beim Sprungwurf einmal anders anzulaufen oder gar mit dem „falschen" Bein abzuspringen. Es wäre aber ein fataler Fehler zu glauben, dies würde ausreichen. Ein systematisches Variationstraining ist unbedingt notwendig. Daß solche Übungsprozesse häufig auch sehr motivierend gestaltet werden können, ist für die entsprechende curriculare Plazierung in die Mittelstufe ein weiterer, nicht zu unterschätzender Vorteil (vgl. Kapitel 12).

- Die Übungsprozesse sind in ihrer Begründung und ihrer zeitlichen Organisation immer aus einem Spiel bzw. einem Abschnitt einer Spielreihe abzuleiten. Die Ergebnisse dieser Übungsprozesse müssen anschließend wieder in dieses Spiel oder die Spielreihe eingebaut werden. Spielen muß die Hauptstraße des Vermittlungsprozesses sein, die Übungsprozesse dagegen müssen die (unverzichtbaren) Nebenstraßen darstellen.

Abschließend ist zum Thema Technikerwerb anzumerken, daß selbstverständlich immer die Möglichkeit besteht, durch Zusatzaufgaben oder geschickte Übungsorganisation mehrere Technikbereiche zu kombinieren. In unserem Fall „Sprungwurf" wurde ein solches kombinierendes Vorgehen am Beispiel „Passen und Fangen" ansatzweise verdeutlicht. Hier wird der Phantasie des Lehrers keine Grenze gesetzt.

IV.
Grund- und Sektorenspiele –
Mittelstufe und Grundlagentraining

Einleitung

Grundschule und Orientierungsstufe haben in unserem Spiellehrgang die Aufgabe, unter der Zielperspektive einer allgemeinen und speziellen Spielfähigkeit über verschiedene „Handball"-Spiele zu der Form des Kleinstfeldhandballs heranzuführen, worunter wir im Idealfall das Spiel 4 gegen 4 plus 1 verstehen. Bei schlechten räumlichen Voraussetzungen kann die Transferspielreihe (vgl. Kapitel 8) durchaus auch in der Zielform 3 gegen 3 enden. Für eine Diskussion der Ziele und Inhalte für die Mittelstufe ist es deshalb notwendig, sich zunächst klarzumachen, was Schülerinnen und Schüler am Ende von Klasse 6 oder 7 können sollten. Diese Frage läßt sich in bezug auf das bisherige Vorgehen wie folgt beantworten:

- Die Schüler sind in der Lage, ein einfaches Kombinationsspiel in Gruppen mit bis zu vier Spielern durchzuführen.
- Sie sind in der Lage, die Abwehrform der Manndeckung zu spielen.
- Sie können die Funktionen Torhüter, Verteidiger und Angreifer wahrnehmen.

Auf dieser Ebene wird jetzt eine erste Differenzierung notwendig. Dies bedeutet, daß die folgenden Abschnitte der Spielvermittlung zunächst die Verbesserung der Zusammenarbeit im Angriff zum Thema haben müssen. Zudem ist das über Parteiballspiele erarbeitete Verteidigungssystem der Manndeckung in eine auch im Grundlagentraining akzeptable Form der Raumdeckung weiterzuentwickeln. Dies sind somit die Zielsetzungen der Sekundarstufe I, so daß für diesen Abschnitt drei Schwerpunkte festgelegt werden können:

1. Die spezielle Spielfähigkeit soll in *Grund- oder Sektorenspielen* verbessert werden. Unter dieser Form der

Handballspiele versteht man das Spielen in einem Sektor des Angriffsraumes in Über- oder Gleichzahl. Dieses Vorgehen erfordert eine erste Differenzierung in die verschiedenen Angriffsrollen Außenspieler, Rückraumspieler und Kreisspieler.

2. Verschiedene Angriffsrollen erfordern spezielle Wurfvarianten. Insofern ist in unserem Fall eine Erweiterung des Repertoires „Sprungwurf" notwendig, was im Rahmen eines systematischen *Technikvariationstrainings* erfolgt.

3. Im Bereich der Verteidigung wird der Übergang von der *Manndeckung zur Raumdeckung* gewählt. Dabei ist das Ziel, einen problemlosen Übergang zu einer Abwehr*formation* (1:5-Abwehr) und gleichzeitig auch gute Anschlußofferten für die 6:0-und 3:2:1-Abwehr anzubieten. Diesen Ansprüchen wird unseres Erachtens die 1:5-Abwehrformation gerecht (vgl. DHB 1992).

Bei der Realisierung dieser Ziele spielen die Grundspiele als Inhalt und Methode eine zentrale Rolle, da sie einerseits Ausschnitte des realen Handballspiels repräsentieren, andererseits aber immer noch im Sinne einer Reduzierung von Komplexität eine methodische Vereinfachung darstellen. Ein weiterer Vorteil ist, daß Grundspiele die Jugendlichen im Spiel Überforderungen erkennen lassen, die Prozesse des Technik- und Taktiktrainings notwendig machen. Insofern stellen Grundspiele auch einen Rahmen für die Einordnung verschiedener Prozesse des Techniktrainings dar.

Eine Verteilung der oben beschriebenen Ziele für den Bereich der Mittelstufe läßt zunächst mehrere Möglichkeiten offen. Aufgrund der Tatsache, daß die Grundspiele einerseits eine Klammer für die Entwicklung einer speziellen Spielfähigkeit Handball in der Abwehr und im Angriff sein sollen, andererseits diese me-

tigungselemente und auch schon kleine handballähnliche Spiele umfassen, wobei vor allem die Spielformen die Zielsetzungen im Bereich der allgemei-

Tabelle 11: Einteilung der Unterrichtsinhalte in der Mittelstufe

UE	Inhalte
1	• Vom freien Angriffsspiel zu den Angriffspositionen (I): Grund- und Sektorenspiele vom 3 gegen 2 bis zum 4 gegen 3 mit Kennenlernen der verschiedenen Angreiferfunktionen • Technikvariationstraining „Sprungwurf", z. B. Baustein 1
2	• Von der Mann- zur Raumdeckung: ⇒ Techniktraining „Abwehr" ⇒ Erarbeiten der 1:5-Abwehrformation • Technikvariationstraining „Sprungwurf", z. B. Baustein 2
3	• Vom freien Angriffsspiel zu den Angriffspositionen (II): Grund- und Sektorenspiele vom 4 gegen 3 bis zum 4 gegen 4 plus 2 und Differenzieren der verschiedenen Angreiferfunktionen • Technikvariationstraining „Sprungwurf", z. B. Baustein 3

thodische Entscheidung für ein spielgemäßes Vorgehen aber die Konsequenz hat, daß Technikschulung in ergänzenden Übungsreihen erfolgen muß, schlagen wir für die Klassen 7–10 drei Unterrichtseinheiten Handball mit folgenden Schwerpunkten vor (vgl. Tab. 11):

Eine konkrete Unterrichtsgestaltung hat sich zwar immer an der Stoffverteilungsplanung zu orientieren, sie muß aber detaillierter und aktueller sein. Letztendlich ist sie die Grundlage für das Lehrerhandeln im Unterricht. Aus diesen Gründen sind die folgenden Stundenverläufe mit jeweils drei Teilen konzipiert:

• Der *Hauptteil* einer jeden Stunde muß aus dem *Grundspiel* bzw. den jeweiligen *Sektorenvarianten* und entsprechenden Grundübungen zu den Wurfarten, zum Passen und Fangen oder ähnlichem bestehen. Darauf sind wenigstens ein Drittel, besser die Hälfte, der zur Verfügung stehenden Zeit zu verwenden. Dabei können sowohl angriffs- als auch abwehrorientierte Schwerpunkte gesetzt werden.

• Selbstverständlich müssen die Stunden mit spezifischen *Aufwärmprogrammen* beginnen. Diese sollten Ballarbeit, koordinative Elemente, Kräf-

nen Spielfähigkeit vertiefen bzw. wiederholen sollen. Dafür sind etwa 25–30% der Unterrichtszeit zu verwenden.

Die Mittelstufe und ihre Besonderheiten machen es aber auch notwendig, das *Zielspiel Handball 7 gegen 7* anzubieten, auch wenn verschiedene Voraussetzungen dazu noch fehlen. Sollte ein Sportlehrer die Möglichkeit haben, 7 gegen 7 auf einem regulären Handballfeld oder aber auf einem kleineren Feld wenigstens 5 gegen 5 auf zwei Tore zu spielen, ist dies auf jeden Fall zu empfehlen. 20–25% der Unterrichtszeit stellen hierfür einen angemessenen Zeitrahmen dar.

Abschließend ist noch anzumerken, daß die in den Kapiteln 10–12 vorgestellten Inhalte die Schwerpunkte für die Mittelstufe, aber keinesfalls ausschließlich an diese Altersstufe gebunden sind. Fortgeschrittenere Klassen können durchaus schon das eine oder andere Grundspiel in Klasse 6 durchführen, wohingegen weniger gute Klassen erst in Klasse 10 der 11 mit verschiedenen Technikvariationen konfrontiert werden sollten. Daß ein solches Technikvariationstraining „Sprungwurf" logischerweise auch Inhalt der Oberstufenkurse sein kann, sei der Vollständigkeit halber noch erwähnt.

10 Vom freien Angriffsspiel zu den Angriffspositionen: Erarbeiten einer angriffsspezifischen Spielfähigkeit

1 Spielziel

Grundspiele sind „verkleinerte Handballspiele", die Standardsituationen des großen Handballspiels wiedergeben. Da sie häufig auf bestimmte Ausschnitte des gesamten Angriffsbereichs beschränkt werden, bezeichnet man sie auch als Sektorenspiele. In der Regel sind Grundspiele Handballspiele in der Form 2 gegen 2, 3 gegen 3 oder 4 gegen 4, oder aber sie werden aus unterschiedlichen Gesichtspunkten als Überzahlspiele durchgeführt. Sie sind durch unterschiedliche Steuerungsmöglichkeiten (Regelvarianten) vielseitig variierbar:

- Reduzierung bzw. Erhöhung der Spielerzahl

- Überzahl- bzw. Unterzahl oder Gleichzahlverhältnis

- Erleichterung bzw. Erschwernis durch spezifische Vorgaben (z. B.: Prellen ist verboten)

- Taktische Vorgaben (z. B.: Angriff muß Kreuzen spielen)

Unter methodischen Gesichtspunkten sind Grund bzw. Sektorenspiele ein ideales Mittel, die spezielle Spielfähigkeit der Schüler zu verbessern, wobei dies sowohl für den Bereich Angriff als auch für die Abwehr gilt. Schüler erfahren in diesen Spielformen notwendige Anpassungsprozesse der gelernten Techniken und ihrer Variationen, weshalb schon aus diesen Gründen Grundspiele ab dem Bereich der Mittelstufe, gegebenenfalls auch schon früher, Unterrichtsinhalt einer jeden Schulstunde sein sollten.

2 Die Angriffspositionen

Die bisherigen Spielreihen hatten zwar unterschiedliche, aber aufeinander aufbauende Schwerpunkte in der Angriffstaktik. Während im Rahmen der Basisspiele der Schwerpunkt auf dem Zusammenspiel innerhalb einer Mannschaft lag, kam bei der Spielreihe „Aufsetzerball" der situationsangemessene Torwurf hinzu. Allerdings wurden selbst beim Zielspiel dieser Reihe, dem Handball 4 plus 1, keinerlei Vorgaben gemacht, wie

sich die Spieler aufzustellen haben oder sich im Angriff organisieren sollen. Das Kennenlernen der Angriffspositionen ist nun eine grundlegende Aufgabe der Grund- und Sektorenspiele, wobei Lehrer darauf achten sollten, daß die Schüler zunächst möglichst viele Positionen ausprobieren.

Im Rahmen der Angriffstaktik wird in diesem Zusammenhang zwischen einer 3:3- und einer 2:4-Angriffsformation unterschieden. Diese beiden Aufstellungsvarianten unterscheiden sich durch die Anzahl der Spieler, die sich in der Nah- (6–9 Meter) bzw. der Fernwurfzone (über 9 Meter) aufhalten. Für diese Spieler bzw. die von ihnen zu besetzenden Positionen werden die folgenden Bezeichnungen verwendet (vgl. Abb. 40/41):

LA	=	Linksaußen
RL	=	Rückraum links
RM	=	Rückraum Mitte
RR	=	Rückraum rechts
KL	=	Kreisspieler links
KM	=	Kreisspieler Mitte
KR	=	Kreisspieler rechts
RA	=	Rechtsaußen

Die verschiedenen Möglichkeiten, Sektoren zu bilden, legen es nahe, Angriffspositionen aus beiden Formationen als Lernfelder auszuwählen, auch wenn später eine Einschränkung zugunsten der 3:3-Angriffsformation erfolgt (vgl. Kapitel 14).

3 Spielorganisation

Grundlegende Voraussetzungen für die Durchführung von Grund- und Sektorenspielen sind mindestens ein Tor und die Möglichkeit, wenigstens an einem Wurfkreis verschiedene Sektoren einzuteilen. Aus organisatorischen Gründen empfiehlt es sich, den gesamten Bereich in zwei oder besser drei Sektoren einzuteilen, um möglichst viele Schüler gleichzeitig spielen lassen zu können. Eine Koordinierung der Torwurfaktivitäten ist dann allerdings relativ streng zu handhaben. Wer zwei Torkreise zur Verfügung hat, kann natürlich ohne Probleme mehrere Schülergruppen parallel an zwei Wurfkreisen arbeiten lassen. Das Spielen in Sektoren bringt einen weiteren Vorteil mit sich: Lehrer können diese Sektoren so organisieren, daß sie im Sinne der oben genannten Variationsmöglichkeiten unterschiedliche Spiele zur selben Zeit ermöglichen (vgl. Abb. 42). Ein Wechsel der

Abb. 40   *Abb. 41*

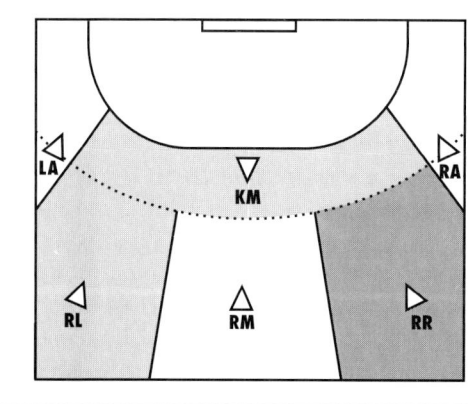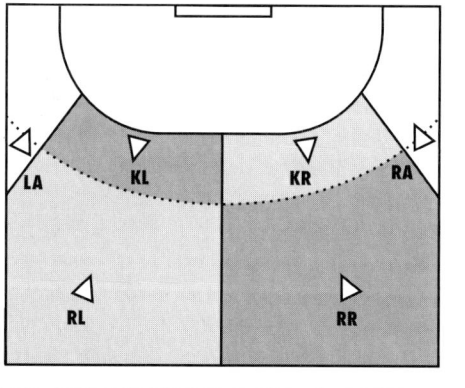

Abb. 40/41: Die Arbeitsräume und Spielpositionen in der 3:3- (40) und der 2:4-Angriffsformation (41)

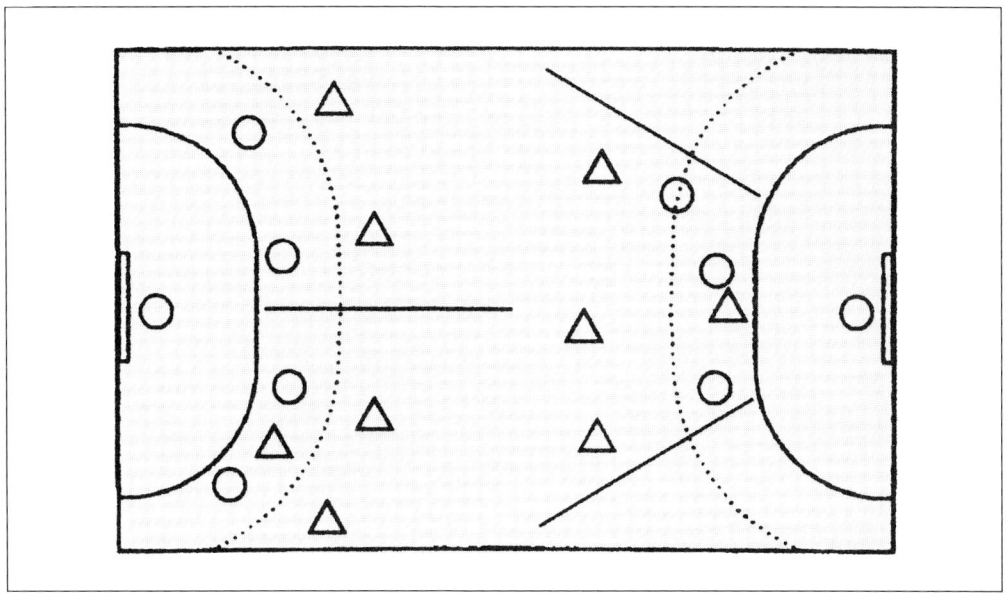

Abb. 42: Organisation eines Sektorenspielbetriebs bei optimalen Bedingungen (zwei Tore bzw. ganzes Spielfeld)

Gruppen nach einer bestimmten Zeit erlaubt dann einen Spielbetrieb im Sinne eines Stationstrainings. Im einzelnen kann dies beispielsweise so aussehen:

Tor 1: Der Angriffsbereich vor Tor 1 wird in zwei Sektoren geteilt, wobei in den beiden Sektoren unterschiedliche Grundspiele angeboten werden. Im Sektor A wird das Grundspiel 2 gegen 2 gespielt, d. h. es werden im Angriff die beiden Positionen Rechtsaußen und Rückraum rechts besetzt. In Sektor B wird entweder 3 gegen 2 oder 4 gegen 3 gespielt. Bei 3 gegen 2 setzt sich der Angriff aus LA, RL und KM zusammen, beim Spiel 4 gegen 3 kommt zusätzlich noch RM dazu. Selbstverständlich können diese beiden Sektorenspiele auch in Gleichzahl erfolgen.

Tor 2: In diesem Angriffsbereich wird aus Gründen der Variation nur eine Spielform angeboten, und zwar das Spiel 4 gegen 3 oder 4 gegen 4 ohne Außenspieler. Dies bedeutet, daß die Positionen RL, RM, RR und KM besetzt werden und entweder gegen eine Unterzahl- oder eine Gleichzahlabwehr gespielt wird.

Schlechtere Bedingungen erfordern eine räumliche Einschränkung (z. B. kleinere Wurfkreise), die aber gegebenenfalls durch einfache Gerätearrangements (Krepp, Seile, Gummistreifen, etc.) schnell realisiert werden können. Insofern ist es durchaus möglich, die in Abbildung 42 dargestellte Organisation auch in einem Hallendrittel durchzuführen. Die Praxis hat in solchen Fällen gezeigt, daß die angestrebten Unterrichtsziele trotzdem erreicht werden.

Ein solches Vorgehen hat den großen Vorteil, daß alle Schüler verschiedene Abwehr- und Angriffspositionen in einer Stunde spielen können und so der Forderung nachgekommen wird, Kreativität und Vielseitigkeit im Handball auch auf Schulsportebene zu verbessern. Zudem werden sie bei den vorgestellten Spielen technisch auf unterschiedlichste Art und Weise gefordert, so daß allein durch die

Organisation eines Grundspiel-Stationstrainings Technikvariationen umgesetzt werden müssen. In diesem Sinne stellen die Grund- und Sektorenspiele dann auch Anknüpfungspunkte für ein gezieltes und systematisches Technikvariationstraining im Bereich der Torwürfe dar (vgl. Kapitel 12).

4 Stoffverteilungsplan „Grund- und Sektorenspiele in der Mittelstufe"

Sowohl im Rahmen der methodischen Aspekte moderner Spielvermittlung (vgl. Kapitel 1 und 2) als auch im Zusammenhang mit den Basisspielen und der Unterrichtsreihe „Aufsetzerball" (vgl. Kapitel 8) wurde mehrfach darauf hingewiesen, daß die präsentierten Unterrichtsinhalte für das Prinzip des Epochenunterrichts geeignet sind. Dies gilt auch für die Angriffsschulung mit Hilfe von Grund- und Sektorenspielen. Ebenso gelten aber auch die bereits genannten Einschränkungen:

- Kommt ein Lehrer in einer Klasse langsamer voran, besteht durchaus die Möglichkeit, die vorgestellte Unterrichtsreihe zu teilen und gegebenenfalls auf zwei Halbjahre oder zwei Schuljahre zu verteilen.

- Im Rahmen von anderen Themen, vor allem aber als obligatorisches Schlußspiel in den Unterrichtseinheiten der Individualsportarten, können die vorgestellten Grundspiele ohne Probleme eingesetzt werden. Dies erfüllt aus unserer Sicht dann auch den Zweck, handballspezifische Spielfähigkeit immer wieder zu thematisieren.

Vor diesem Hintergrund sind noch zwei weitere wichtige Aspekte zu diskutieren:

- Der Unterricht der Mittelstufe muß auf jeden Fall dort anknüpfen, wo der Vermittlungsprozeß der Orientierungsstufe geendet hat. Insofern ist es zwingend notwendig, das Spiel *Handball 4 plus 1* (vgl. Kapitel 8) zu Beginn von Klasse 7 oder 8 in zwei oder drei Unterrichtsstunden zu wiederholen. Für die Unterrichtsplanung hat dies zweierlei Konsequenzen:

  (1) Den ausgearbeiteten Stundenentwürfen sind in der Regel zwei bis drei Wiederholungsstunden voranzustellen, die ausschließlich Spiel- und Übungsformen aus der Orientierungsstufe enthalten (vgl. Kapitel 8 und 9).

  (2) Einzelne Stundenschwerpunkte (z. B. ein Grundspiel) können jederzeit auch über zwei Stunden zum Unterrichtsinhalt werden, so daß der vorgeschlagene Stoffumfang auf jeden Fall für zwei Unterrichtseinheiten Handball in zwei Schuljahren reicht.

- Trotz Vereinfachungsstrategien werden die Erwartungen der Schüler, Handball wettkampfmäßig zu spielen, immer größer werden. Die Lehrer werden also nicht umhinkommen, das Zielspiel 7 gegen 7 ebenfalls anzubieten. Aus unserer Sicht ist dies nach einer gewissen Vorbereitungsphase, in der Grundspiele thematisiert werden, auch kein Problem (vgl. Kapitel 11). Sollten also die räumlichen Voraussetzungen gegeben sein, kann als Schlußteil einer Stunde auf jeden Fall 7 gegen 7 gespielt werden.

Unter Berücksichtigung dieser Gesichtspunkte bietet sich dann die folgende Planung und Gestaltung des Themas „Erarbeiten einer angriffsspezifischen Spielfähigkeit" an (vgl. Tab. 12).

Tabelle 12: Vorschlag eines Stoffverteilungsplans für die Mittelstufe mit dem Schwerpunkt „Grund- und Sektorenspiele" (Zeitrahmen: sechs bis acht Doppelstunden).

UE	Grundspiel	Variationen „Sektoren"	Variationen im Bereich „Technik" oder „Taktik"
1	**Spiel 3 gegen 2**	• Mittelsektor RL, RR und KM • Mittelsektor RL, RR und RM • Sektor linke Seite mit LA, RL und KM oder RM • Sektor rechte Seite mit RA, RR und KM oder RM	• Torwurftraining „Sprungwurf" von den Positionen • Passen und Fangen
2	**Spiel 3 gegen 3**	• Mittelsektor RL, RR und KM • Mittelsektor RL, RR und RM • Sektor linke Seite mit LA, RL und KM oder RM • Sektor rechte Seite mit RA, RR und KM oder RM	• Torwurftraining „Sprungwurf" von den Positionen • Passen und Fangen
3	**Spiel 4 gegen 3**	• Mittelsektor (RL, RM, RR, KM) • Sektor linke Seite (LA, RL, RM, KM) • Sektor rechte Seite (RA, RR, RM, KM)	• Technikvariationstraining „Sprungwurf" • Doppelpaß mit KM
4	**Spiel 4 gegen 4**	• Mittelsektor (RL, RM, RR, KM) • Sektor linke Seite (LA, RL, RM, KM) • Sektor rechte Seite (RA, RR, RM, KM)	• Technikvariationstraining „Sprungwurf" • Doppelpaß mit KM
5	**Spiel 4 gegen 3 plus 2**	Die Zuspieler (plus 2) befinden sich immer auf den Außenpositionen LA und RA und dienen in der Grundform lediglich als Anspielstation	• Technikvariationstraining „Sprungwurf" • Passen und Fangen über zwei Stationen
6	**Spiel 4 gegen 4 plus 2**	Die Zuspieler (plus 2) befinden sich immer auf den Außenpositionen LA und RA. Sie haben zunächst nur die Aufgabe, als Anspielstation zu fungieren.	• Technikvariationstraining „Sprungwurf" • Passen und Fangen über zwei Stationen

5 Unterrichtsinhalte

UE	Aufwärmen	Spielform/-organisation	Didaktisch-methodische Hinweise	Ergänzende Spiel- und Übungsformen
1	**Aufwärmen/Koordinationsschulung:** Jeder Schüler braucht einen Ball, es werden Zweiergruppen gebildet. • Die beiden Partner spielen sich beide Bälle gleichzeitig zu. Abstand: zwei Meter. • Variationsmöglichkeiten: Abstand verändern, einen Ball mit dem Fuß spielen, verschiedene Fortbewegungsarten. **Spielform „Vier-Ecken-Ball" (1):** Zwei Mannschaften spielen gegeneinander nach Handballregeln. Ziel ist, den Ball in einer der vier Spielfeldecken abzulegen. Nach einem Punktgewinn erfolgt Wechsel des Ballbesitzes. Variationen: Prellen kann erlaubt oder per Regel ausgeschlossen werden.	• Spielform 3 gegen 2: Variante Mitte mit drei Rückraumspielern (Abb. 43): *Abb. 43* • Variante Mitte mit zwei Rückraumspielern und dem Kreisläufer • Variante links • Variante rechts	• Die Rückraumspieler sollen sich durch schnelle Pässe und Stoßbewegungen einen Raumvorteil verschaffen und dadurch Wurfgelegenheiten erarbeiten. • Sinnvoll ist es, die Möglichkeit der Bogenpässe zunächst per Regel auszuschließen.	**Übungen zum Passen und Stoßen (I):** Gassenaufstellung, jede Zweiergruppe hat einen Ball, auf Abstand zwischen den Gruppen achten. • Zuspiel in der Vorwärtsbewegung • Stoßbewegung jetzt nicht gerade, sondern schräg zur Seite. • Dreht sich ein Spieler ab, wird der Ball zugerollt **Torwürfe von RL, RM und RR:** Jeder Schüler hat einen Ball, es wird in der Reihenfolge RL, RM, RR geworfen. • Die Schüler werfen den Ball hoch, lassen ihn einmal aufprellen, nehmen ihn auf und werfen. • wie Ü1, bewußtes Abwechseln von Sprung- und Schlagwurf.
2	**Aufwärmen/Koordinationsschulung:** Es werden Zweiergruppen gebildet, jede Gruppe braucht einen Ball. • Grundform: Zuspielen des Balles über fünf bis sieben Meter. • Variationsmöglichkeiten: nach Paß Zusatzaufgabe, z. B. Drehung, Sprung, Bodenberührung, usw. Wettkampf: Wer schafft die meisten Pässe in 20, 30, ... Sekunden? **Spielform „Vier-Ecken-Ball" (2):** Spielorganisation: vgl. UE 1. Nach Punktgewinn spielt dieselbe Mannschaft weiter, und zwar solange, bis die Verteidigung den Ball erobert. Variationen: s.o.	• Spielform 3 gegen 3: Variante Mitte mit drei Rückraumspielern (Abb. 44) *Abb. 44* • Variante Mitte mit zwei Rückraumspielern und dem Kreisläufer • Variante links oder rechts, also mit einem Außenspieler.	• Die Rückraumspieler sollen sich durch schnelle Pässe und Rückpässe einen Raumvorteil verschaffen und dadurch Wurfgelegenheiten erarbeiten. • Wichtig ist, daß die Spieler lernen, auch kleine Lücken im Abwehrverband zu nutzen.	**Übungen zum Passen und Stoßen (II):** Aufstellung im Drei- oder Viereck, jede Gruppe benötigt einen Ball, ggf. einen Reserveball. Ü1: Passen in der Vorwärtsbewegung Ü2: Beliebiger Richtungswechsel Ü3: „Tigerball" als Spiel 3 gegen 1 bzw. 4 gegen 1. **Torwürfe von RL, RM und RR:** Jede Gruppe erhält einen Zuspieler, LA für RL, RA für RR und KM für RM. • Torwurf nach Doppelpaß • Torwurf mit Zielvorgabe • Torwurf gegen zwei Torhüter, die hintereinander stehen (Abstand: 2 m).

UE	Aufwärmen	Spielform/-organisation	Didaktisch-methodische Hinweise	Ergänzende Spiel- und Übungsformen
3	**Aufwärmen/Koordinationsschulung:** Es werden Zweiergruppen gebildet, jede Gruppe benötigt einen Ball. • Grundform: A läuft rückwärts, B läuft vorwärts, der Ball wird mit Druckpässen gespielt. Nach einer Hallenlänge Richtungswechsel. • Varianten: ⇒ Überkopfpässe, passen mit links oder rechts ⇒ B fängt im Sprung ⇒ A spielt im Sprung **Spielform „Vier-Ecken-Ball" (3):** Spielorganisation vgl. UE 1. Punkte können nur durch „Kempazuspiele" (vgl. Hinweisspalte) erzielt werden. Dabei muß der in der Luft angespielte Spieler in einem der Reifen landen.	• Spielform 4 gegen 3 : Variante 1 (RL, RM, RR, KM). Vgl. Abb. 45 *Abb. 45* • Variante 2 „links" (LA, RL, RM, KM) oder „rechts" • Variante 3: Spiel 4 gegen 3 als Dreier-Handball (vgl. didaktisch-methodische Hinweise).	• Wichtig in dieser Spielform ist der konsequente Einsatz des Kreisspielers, so daß sich einfache Partnerhilfen (z. B. Doppelpaß, Rückpaß) häufig aus der Spielsituation ergeben. • Dreier-Handball ist ein Spiel auf zwei Tore, bei dem drei Mannschaften im Wechsel gegeneinander spielen. Mannschaft A greift gegen B auf Tor 1 an, nach Abschluß spielt Mannschaft B gegen C auf Tor 2, dann C gegen A auf Tor 1, usw. • Bei Kempazuspielen muß der Fänger den Ball in der Luft fangen.	**Technikvariationstraining** **Baustein 1 – Teil 1:** „Variieren der Schrittzahl beim Anlauf" • Übungsform 1 (ggf. Zielvorgaben einbauen) • Spielform 1. **Übungsformen zum Passen und Fangen:** Die Schüler besetzen die Positionen RL und RR. Der Ball wird zwischen diesen Positionen gepaßt. Wer gepaßt hat, stellt sich hinten an. Varianten: • Wer gepaßt hat, stellt sich auf der anderen Seite an. • Integration von zwei Abwehrspielern.
4	**Aufwärmen/Koordinationsschulung:** Es werden Zweiergruppen gebildet, jede Gruppe benötigt einen Ball. Von jeder Gruppe bewegt sich je ein Spieler in einer Hälfte des Volleyball-Feldes. • A und B spielen sich den Ball ständig zu. • A prellt und spielt B nur auf dessen Handzeichen an. • wie oben, nach einem Paß jedoch Wechsel der Spielfeldhälfte. • wie oben, nur bewegen sich A und B mit dem Rücken zueinander, Paß auf Zuruf des Lehrers oder eines Schülers.	• Spielform 4 gegen 4: Variante 1 (RL, RM, RR, KM). Vgl. Abb. 46 • Variante 2 „links" oder „rechts" *Abb. 46* • Variante 4: Spiel 4 gegen 3 als **Dreier-Handball.**	Aufgrund der Tatsache, daß im Spiel 4 gegen 4 Gleichzahl herrscht, muß das Zusammenspiel sehr viel dynamischer ablaufen. Es ist deshalb empfehlenswert, beim Spiel selber auf die Bewegungsschnelligkeit und das Paßtempo zu achten. • Dreier-Handball kann dahingehend erschwert werden, daß die neu in Ballbesitz gekommene Mannschaft bis zur Mittellinie von den Angreifern gestört wird.	**Technikvariationstraining** **Baustein 1 – Teil 2:** „Variieren der Schrittzahl beim Anlauf" • Übungsform 2 • Spielform 2 **Übungsformen zum Passen und Fangen:** Aufstellung wie UE 3 – Varianten: • Wer gepaßt hat, läuft nach hinten, erhält von einem weiteren Zuspieler einen Paß. Spielt zurück und stellt sich an. • Wie oben, nach Paß RL/RR, Gegenstoß auf die andere Seite, Paß, Torwurf.

UE	Aufwärmen	Spielform/-organisation	Didaktisch-methodische Hinweise	Ergänzende Spiel- und Übungsformen
5	**Aufwärmen/Koordinationsschulung:** Es werden Dreiergruppen gebildet, von denen jede einen Ball erhält. • Durcheinander bewegen auf kleinem Raum und den Ball ständig in Bewegung halten. Kreativität ist gefordert. • „Ballhandling", d. h. der Ball wird durch Schlagen ständig in der Luft gehalten. • Dreiecksaufstellung mit Seitenlänge von maximal zwei Metern. Spielen von Volley-Pässen (vgl. Hinweise) und Kempa-Pässen. **Spielform: „Handball mit Ballhandling":** Stangentorball, wobei der Ball nur geschlagen werden darf.	Spielform 4 gegen 3 plus 2 (vgl. Abb. 47) *Abb. 47* Mögliche Varianten: • Ein Rückraumspieler läuft von seiner Position an den Kreis ein. • Doppelpässe mit dem Kreisspieler	• Die beiden neutralen Zuspieler bringen ein weiteres Spezifikum des Handballs. In der Regel ist es üblich, die beiden Außenspieler in die Paßfolgen miteinzubeziehen, so daß Rückraum- und Kreisspieler größere Laufwege gehen können. Es ist deshalb darauf zu achten, daß die Rückpässe von Außen nach einer Anlaufbewegung aus der Tiefe des Rückraums angenommen werden. Hier besteht die Möglichkeit, ein sehr effektives Angriffsmittel in Grobform zu erarbeiten. • Bei **Volleypässen** wird beim Fangen der Ball nur ganz kurz berührt und sofort wieder weggepritscht.	**Technikvariationstraining Baustein 2 – Teil 1:** „Variieren des Anlaufs zur und gegen die Wurfarmseite" • Übungsform 1 • Spielform 1, auch als Wiederholung von UE 1 und 2 **Übungsformen zum Torwurf, Passen und Fangen:** RL, RR und KM werden besetzt. RL und RR haben Bälle. • Paß zu KM, in der Vorwärtsbewegung den Rückpaß annehmen, Torwurf • wie oben, aber Anlaufrichtung variieren • wie oben, aber Zielvorgabe
6	**Aufwärmen/Koordinationsschulung:** Es werden Dreiergruppen gebildet, jede Gruppe benötigt zunächst einen Ball. • Auf kleinem Raum spielen 2 gegen 1 (Tigerball). Keine Bogenpässe! Schnelles Passen im Dreieck mit wiederholtem Richtungswechsel! • Kempa-Pässe im Dreieck (vgl. UE 5) A, B und C stehen auf einer Linie, B ist in der Mitte. A läuft mehrmals zu B und berührt den Ball. B läßt ihn fallen, A ersprintet ihn und paßt zu C. Es erfolgt ein Wechsel. **Spielform: „Parteiball"** im Wechsel mit drei Mannschaften. Spielzeit: je 90 Sekunden. Zusatzaufgabe: 10 Pässe sind 1 Punkt!	Spielform 4 gegen 4 plus 2 (vgl. Abb. 48) *Abb. 48* Mögliche Varianten: • Ein Rückraumspieler läuft von seiner Position an den Kreis ein. • Doppelpässe mit Kreis	• Im Prinzip wird auf dieser Stufe bereits das Zielspiel realisiert, obwohl noch zwei Außenverteidiger fehlen. Trotzdem wird im Mittelsektor des Wettkampfspiels abgebildet, so daß das Lernziel dieser Spielform, sämtliche Positionen und Möglichkeiten ihres Zusammenspiels kennenzulernen, erfüllt wird. • Einbau und Belohnung von Partnerhilfen.	**Technikvariationstraining Baustein 2 – Teil 2:** „Variieren des Anlaufs zur und gegen die Wurfarmseite" • Übungsform 2 • Spielform 1, auch als Wiederholung von UE 1 und 2 **Übungsformen zum Torwurf, Passen und Fangen:** RL, RR und KM werden besetzt. RL und RR haben Bälle. • Paß zu KM, Anlauf über die Spielfeldmitte, Ballannahme, Torwurf. • wie oben, Torwurf aber gegen einen Abwehrspieler • zusätzlich LA und RA mehrfach besetzen. RL/RR passen nach Ballerhalt von KM zum Außenspieler.

11 Von der Manndeckung zur Raumdeckung: Erarbeiten einer abwehrspezifischen Spielfähigkeit

1 Die Ziele des aktiven und offensiven Abwehrspiels

Das Abwehrspiel: Von Spielern meistens ungeliebt ihres Härtepotentials wegen, von Schule und Öffentlichkeit oft nur wahrgenommen als destruktive und brutale Spielweise, um Tore zu verhindern. So oder ähnlich könnte das Abwehrverhalten charakterisiert werden. Im Mittelpunkt stehen nicht filigrane Abwehrtechniken, Spielwitz oder gar Kreativität, was zählt ist Kampf, Kraft, „geh hin und hau rein".

Das reicht aber nicht aus – Abwehrspiel kann und muß viel mehr sein!

Die Absicht des Abwehrspiels, vor allem im Kinder- und Jugendbereich – egal ob Schule oder Verein –, darf sich nicht nur darauf beschränken, Tore des Gegners zu verhindern, sondern muß auch darauf ausgerichtet sein, dem Gegner möglichst oft den Ball abzunehmen. Das Ziel des Ballgewinns rückt in den Blickpunkt und damit die Betonung eines aktiven und offensiven Abwehrspiels. Die Gründe für diese Auffassung liegen auf der Hand:

- Eine aktive und offensive Ausrichtung forciert ein sauberes und regelgerechtes Abwehrspiel, insbesondere im individuellen Abwehrverhalten. Dadurch lassen sich die technisch-taktischen Grundfertigkeiten des Abwehrspiels sehr gut erlernen und umsetzen. Dies ist bei einer defensiven und passiven Spielweise („Hacken am Kreis") nur schwer möglich (vgl. DHB 1995, 76, 79). Erwähnt werden muß, daß auch bei offensiver Abwehr kein „foulfreies" Spiel stattfinden wird.

- Verteidigen Abwehrspieler offensiv, können die angreifende Mannschaft bereits im Spielaufbau gestört, der Spielfluß eingeschränkt und Fehler der Angreifer provoziert werden. Die Chancen, sich den Ball zu erobern, sind deutlich höher als bei defensivem Abwehrverhalten. Somit sind in der Verteidigung auch körperlich unterlegene Schüler- und Jugendmannschaften nicht mehr chancenlos (vgl. DHB 1995, 81).

- Mehr Ballgewinne in der Abwehr ermöglichen gleichzeitig ein schnelleres Umschalten von Abwehr auf Angriff. Damit eröffnet sich eine weitere Perspektive eines aktiven und offensiven Abwehrverhaltens, nämlich die des Gegenstoßspiels. Und das ist eines der attraktivsten und effektivsten Angriffsmittel im Handball überhaupt (vgl. Kapitel 15).

- Ein weiterer Aspekt kommt noch hinzu. Wie die Praxis zeigt, ist es bei vielen C-Jugend- und Schülermannschaften immer wieder derselbe (akzelerierte) Spieler, der die Tore wirft, während die anderen oft nur Statisten sind. Eine aktive und offensive Abwehr dagegen zwingt die Angreifer zusammenzuspielen. Auch der (akzelerierte) Haupttorschütze muß nun zum freien Mitspieler passen, wenn er schon frühzeitig am Torwurf gehindert wird (vgl. DHB 1995, 80). So trägt dieses Abwehrverhalten „indirekt" wesentlich dazu bei, die Angreifer zu zwingen, miteinander zu spielen, sich anzubieten, freizulaufen und das Handballspiel als Mannschaftsspiel zu begreifen (vgl. FELDMANN 1996, 54).

Dies sind wichtige Gesichtspunkte, Handball als (Schul-)Sportart für Kinder und Jugendliche attraktiver zu machen und mehr Freude am Abwehrspiel zu vermitteln.

> **Merke:** Es ist doch wesentlich reizvoller und motivierender, sich gleichzeitig durch sein eigenes Deckungsverhalten mehr Ballgewinne und damit mehr eigene Torchancen zu erspielen, als durch „destruktives" Spiel mit vielen Fouls, Halten, Stoßen, Klammern, nur Tore des Gegners zu verhindern (vgl. SPÄTE 1996, 34). Aktiv und offensiv verteidigen heißt also: *Bälle abfangen, den Spielfluß stören und Fehler provozieren, aber auch den Gegenspieler bekämpfen* (vgl. DHB 1995, 106).

2 Über Formen der Manndeckung und des individuellen Abwehrverhaltens zur 1:5-Raumdeckung

Grundvoraussetzung für ein aktives und offensiv ausgerichtetes Abwehrspiel, ganz gleich in welcher Abwehrformation später gespielt wird, sind die individuellen technisch-taktischen Grundfertigkeiten des Abwehrspielers im *Spiel 1 gegen 1*. Sie sind gewissermaßen das „Rüstzeug zur Manndeckung". Oberster Grundsatz ist dabei, den Angreifer immer vor sich zu haben und nicht von der Seite anzugreifen. Wichtig ist, immer zwischen Tor und Gegenspieler zu agieren und sich nicht überlaufen zu lassen, weder im Zweikampf gegen Angreifer mit Ball noch im Abwehrverhalten gegen Angreifer ohne Ball (vgl. DHB 1995, 107). Für das Spiel 1 gegen 1 gelten die folgenden Grundprinzipien (vgl. Tab. 13):

Manndeckung bezieht sich aber nicht nur auf die Spielweise 1 gegen 1 der Einzelspieler. Sie ist vielmehr eine Grundform des mannschaftlichen Abwehrspiels und wird gezielt eingesetzt, um die beschriebenen Perspektiven des aktiven und offensiven Verteidigens umzusetzen. Erst wenn sämtliche Mitspieler gemeinsam offensiv und aktiv verteidigen und sich dabei gegenseitig unterstützen, können die Vorteile der Manndeckung erfolgversprechend genutzt werden. Die Unterrichtsgestaltung ist deshalb so konzipiert, daß Inhalte zum Spiel 1 gegen 1 und zur Manndeckung im Aufwärmteil und als ergänzende Spiel- und Übungsformen gezielt die Einführung der 1:5-Abwehr vorbereiten.

Vorab einige methodische Hinweise zum Training der Manndeckung. Sie beziehen sich auf die unterschiedlichen Steuerungsmöglichkeiten durch entsprechende Regelvariationen (vgl. SPÄTE 1996 und Kapitel 10).

Tabelle 13: Grundprinzipien im Abwehrverhalten 1 gegen 1

❶ Abwehrspezifische Armtechniken und Beinarbeit	❷ Antizipatives Abwehrspiel
• Ballannahme und Abspiele der Angreifer stören	• gegnerische Angriffsaktionen voraussehen
• Bälle herausspielen	• Paß- und Laufwege versperren
• schnell und variabel in alle Richtungen agieren	• Blickkontakt zum Ball und zum Gegner halten
• Durchbrüche und Torwürfe verhindern	
• Laufwege verstellen	

Tabelle 14: Steuerungsmöglichkeiten durch Regeländerungen

Spieleranzahl		Aktionsräume		Technikvorgaben	
Abwehr in Überzahl	• leichtere Orientierung im Raum • Helfen wird provoziert • Ballgewinne sind häufiger	**Kleinerer Spielraum**	• Zusammenspiel der Angreifer wird erschwert • Leichtere Orientierung der Abwehrspieler • Ballgewinne sind häufiger	**Prellen verboten**	• Zusammenspiel der Angreifer wird forciert • Pässe attackieren • provoziert das Spiel ohne Ball der Angreifer
Abwehr in Gleichzahl	• Schulungsschwerpunkt 1 gegen 1 • Spielnähe • Wettkampfcharakter	**Größerer Spielraum**	• intensivere Beinarbeit • stärkere Orientierung im Raum • kämpferischer Einsatz • Antizipation von Ball und Gegner	**Prellpflicht**	• Abwehrverhalten gegen prellende Angreifer • Herausspielen des Balles
Abwehr in Unterzahl	• stärkere Orientierung im Raum • intensivere Beinarbeit • Antizipation von Ball und Gegner				

Merke: Unser Ziel, eine Abwehrformation zu erarbeiten, die bewußt die Vorteile der aktiven und offensiven Verteidigung nutzt, kann über die Manndeckung problemlos vorbereitet werden. Oberster Grundsatz ist dabei, den Angreifer immer vor sich zu haben und nicht von der Seite anzugreifen. Wichtig ist, immer zwischen Tor und Gegenspieler zu agieren und sich nicht, weder im Zweikampf gegen Angreifer mit Ball noch im Abwehrverhalten gegen Angreifer ohne Ball, überlaufen zu lassen (vgl. DHB 1995, 107).

3 Spielweise und Grundregeln der 1:5-Abwehr

Die 1:5-Abwehr zeichnet sich dadurch aus, daß sie einfach zu erlernen ist und anfangs nur wenige feste gruppen- oder mannschaftstaktische Verhaltensregeln aufweist. Die wichtigsten Grundregeln (vgl. DHB 1995, 81–101) sind:

1. Grundregel:

Jeder Abwehrspieler ist in seinem Abwehrraum für seinen Gegenspieler verantwortlich.

Außen- und Halbverteidiger sowie der Vorne-Mitte agieren von der Freiwurflinie aus offensiv.

Der Hinten Mitte ist für den Kreisspieler verantwortlich und schirmt ihn, situationsgerecht vor oder hinter ihm agierend, gegen Anspielversuche ab (vgl. Abb. 49).

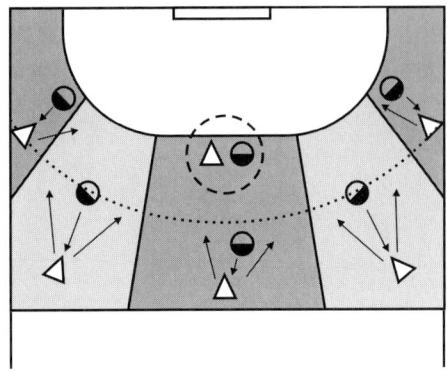

Abb. 49

2. Grundregel:

Sobald die Abwehrspieler erkennen, daß ihr Gegenspieler in Ballbesitz gelangt, laufen sie ihm frühzeitig entgegen und versuchen, die Ballannahme zu stören. Gelingt dies nicht, lassen die Abwehrspieler sich sofort sinken.

Daraus ergibt sich die große Tiefenwirkung (Abstand zum Tor) der 1:5-Abwehr.

Würfe aus dem Rückraum sind seltener.

Die Angreifer müssen sich im Spiel 1 gegen 1 durchsetzen oder aber zusammenspielen (vgl. Abb. 50).

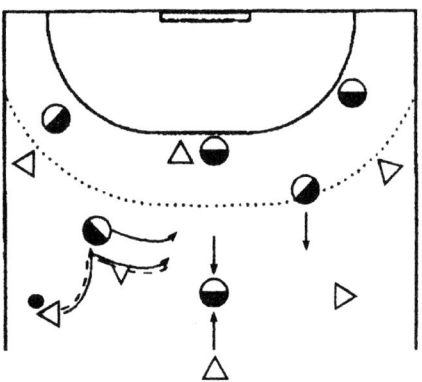

Abb. 50

3. Grundregel:

Das Paß- und Kombinationsspiel stören und lange Pässe provozieren.

Mit intensiver Armarbeit werden Anspielmöglichkeiten zum Kreis als auch das seitliche Abspiel erschwert.

Auch die Angreifer ohne Ball werden durch deren Abwehrspieler offensiv gedeckt. Die Abwehrspieler agieren dabei in der „Querstellung" (Blickkontakt zum Ballhalter), um einen möglichst großen Raum abzuschirmen und Pässe abzufangen (vgl. Abb. 51).

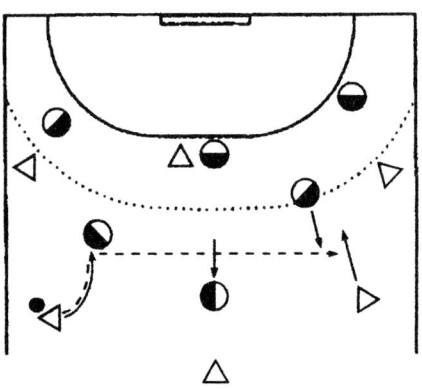

Abb. 51

4. Grundregel:

Angreifer, die zum Kreis ein- und dabei die Abwehr hinterlaufen, werden von dem jeweiligen Abwehrspieler begleitet.

Der Abwehrspieler bleibt weiterhin für seinen Gegenspieler verantwortlich. Er versucht, den Laufweg seines Gegners zu versperren und ihn am Kreis gegen Anspiele abzuschirmen (vgl. Abb. 52).

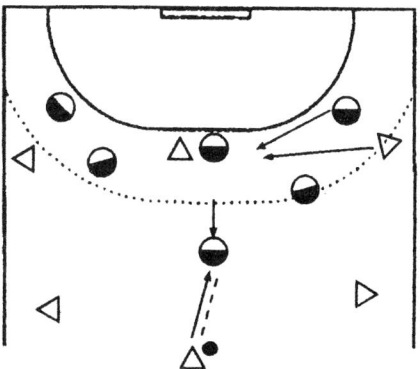

Abb. 52

5. Grundregel:

Angreifer, die vor der Abwehr ihre Position wechseln, werden übergeben bzw. übernommen.

Nach wie vor gilt, nur im eigenen Abwehrraum zu verteidigen.

Die betreffenden Abwehrspieler sollen ihren Gegenspieler nicht verfolgen, sondern an den Partner übergeben bzw. den in den eigenen Abwehrraum wechselnden Angreifer übernehmen.

Diese Leitlinie erfordert das gruppentaktische Zusammenspiel zwischen zwei Abwehrspielern. Die Abwehrspieler begleiten zunächst ihren Gegenspieler bis zur Grenze ihres Abwehrraumes, um beim Übergeben/Übernehmen möglichst auf eine Höhe zu kommen (vgl. Abb. 53).

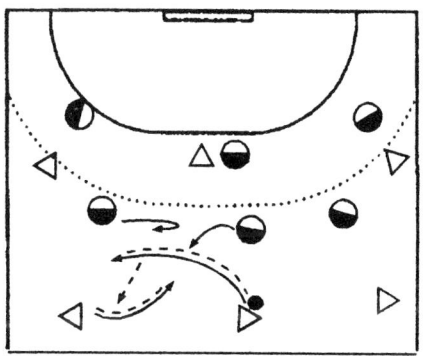

Abb. 53

4 Unterrichtsinhalte

Die 1:5-Abwehr wird methodisch weitgehend in einfachen Grundspielen (vgl. Kapitel 10) erarbeitet. Die Kinder und Jugendlichen erlernen sie so in komplexen wettkampfnahen Situationen.

Dabei wird folgendermaßen vorgegangen (vgl. DHB 1995, 102–107):

• **Beschränkung des zu verteidigenden Abwehrraums in der Breite**

Am Anfang werden die von den Abwehrspielern zu verteidigenden Räume verkleinert. Dadurch wird die Abwehraufgabe erheblich erleichtert.

• **Einschränkung des Angreiferverhaltens**
  Beispiele:
  – erst Positionsspiel ohne Positionswechsel, dann freies Spiel mit möglichen Positionswechseln

– Beschränkung möglicher Einlaufbewegungen (anfangs nur die Außen-, erst später die Rückraumspieler)

• **Durch Wettkampfaufgaben zusätzliche Anreize schaffen**

Voraussetzung ist allerdings, daß die Grundregeln weitgehend beherrscht werden. Wettkampfaufgaben sollten deshalb nicht gleich zu Beginn eingesetzt werden.

Beispiele:

– Wie viele Angriffe kann eine Abwehrgruppe bei insgesamt sechs Versuchen erfolgreich abwehren?

– Punktewertungen:

⇒ erfolgreiche Abwehr = ein Punkt

⇒ Ballgewinne zählen doppelt

⇒ 7-m-Fouls ergeben einen Punkt Abzug

⇒ Zusatzpunkt, wenn die Abwehrgruppe nach einem erfolglosen Angriff zum Gegenstoß startet und ein Tor erzielt

– bleibt die Angriffsgruppe ohne Torerfolg, wechselt sie in die Abwehr.

– Wie lange kann die Abwehr ohne Gegentor bleiben?

5 Der methodische Weg

Stufe 1: Grundspiel 3 gegen 3 plus 2

In einem durch Hütchen oder ähnlichem begrenzten Raum spielen die Abwehrspieler HL, HR und VM gegen drei Rückraumspieler. Zusätzlich agieren zwei weitere Spieler als Anspielstationen auf den Außenpositionen.

• **3 gegen 3 mit Torwurf, aber ohne Positionswechsel** (vgl. Abb. 54):

Die Angreifer dürfen ihre Position nicht wechseln und nur von Position zu Position passen.

Aufgaben:

1. Durch frühzeitiges Heraustreten die Angreifer möglichst weit in die Spielfeldtiefe zurücktreiben. Das heißt: Offensiv und aktiv verteidigen gegen den Ballhalter.

2. Spielfluß stören und Pässe abfangen.

3. Spielvariante für den VM: Bei Ballbesitz von RL oder RR von Zeit zu Zeit überraschend herauslaufen und ein Anspiel zu RM unterbinden (lange Pässe zwischen RR und RL provozieren!)

• **3 gegen 3 mit Positionswechsel** (vgl. Abb. 55):

Jeweils ein Angreifer kann versuchen, ohne Ball an den Kreis einzulaufen. Auch Positionswechsel im Rückraum sind möglich (z. B. Kreuzen).

Aufgaben:

1. Angreifer, die die Abwehr hinterlaufen, begleiten und gegen Anspiele abschirmen.

2. Angreifer, die vor einem Abwehrspieler einlaufen oder die Position wechseln (z. B. vor HM oder VM), werden übergeben bzw. übernommen.

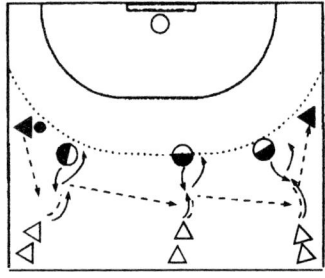

Abb. 54

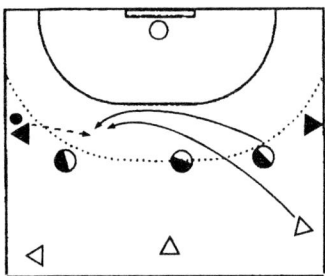

Abb. 55

- **3 gegen 3 ohne Einschränkungen (freies Spiel) mit Wettkampfaufgaben**

Stufe 2: Grundspiel 4 gegen 4 plus 2

Zusätzlich zu den drei Rückraumspielern agiert jetzt ein Kreisspieler in einem begrenzten Raum am Kreis. Neu hinzu kommt auch der HM-Verteidiger. Seine Abwehraufgaben sind:

⇒ den Kreisspieler gegen Anspielversuche abschirmen

⇒ bei Durchbruchaktionen der Rückraumspieler seinen Mitspielern helfen

Die Aufgaben der Abwehrspieler HL, HR und VM sind dieselben wie im Spiel 3 gegen 3. Es werden auch wieder zwei Spieler als Anspielstationen auf den Außenpositionen eingesetzt.

- **4 gegen 4 mit Torwurf, aber ohne Positionswechsel** (vgl. Abb. 56):
  Die Angreifer dürfen wiederum ihre Position nicht wechseln und nur von Position zu Position passen.
  Der Aktionsradius des Kreisspielers wird schrittweise wie folgt erweitert:
  1. Der Kreisspieler darf zunächst nur an der Torraumlinie in der Spielfeldmitte agieren.
  2. Freies Spiel des Kreisspielers. Allerdings darf er nur von den Rückraumspielern angespielt werden.

3. Wie 2., jedoch dürfen jetzt auch die Anspieler auf den Außenpositionen zum Kreisspieler passen.

- **4 gegen 4 mit Positionswechsel** (vgl. Abb. 57):
  Jeweils ein Angreifer kann versuchen, ohne Ball an den Kreis einzulaufen. Auch Positionswechsel im Rückraum sind möglich (z. B. Kreuzen).
  Aufgaben:
  1. Angreifer, die die Abwehr hinterlaufen, begleiten und gegen Anspiele abschirmen.
  2. Angreifer, die vor einem Abwehrspieler einlaufen oder die Position wechseln (z. B. vor HM oder VM), werden übergeben bzw. übernommen.

- **4 gegen 4 ohne Einschränkungen (freies Spiel) mit Wettkampfaufgaben:**
  Beispiele:
  – Wie viele Angriffe kann eine Abwehrgruppe bei insgesamt sechs Versuchen erfolgreich abwehren?
  – Punktewertungen:
    ⇒ erfolgreiche Abwehr = ein Punkt
    ⇒ Ballgewinne zählen doppelt
    ⇒ 7 m-Fouls ergeben einen Punkt Abzug
    ⇒ Zusatzpunkt, wenn die Abwehrgruppe nach einem erfolglosen Angriff zum Gegenstoß startet und ein Tor erzielt.

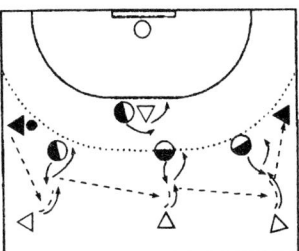

Abb. 56

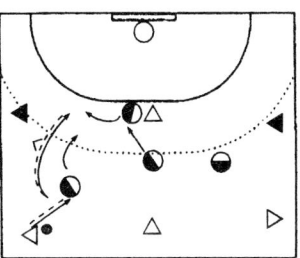

Abb. 57

- bleibt die Angriffsgruppe ohne Torerfolg, wechselt sie in die Abwehr.
- Wie lange kann die Abwehr ohne Gegentor bleiben?

Stufe 3: Grundspiel 5 gegen 5

Vor dem Spiel 6 gegen 6 kann als Zwischenstufe das Grundspiel 5 gegen 5 gespielt werden. Im Mittelpunkt steht dabei das Abwehrverhalten der Außenverteidiger. Gespielt wird daher wieder nach den gleichen methodischen Stufen wie im Spiel 3 gegen 3, also ohne Kreisspieler und ohne HM-Verteidiger.

• **5 gegen 5 mit Torwurf, aber ohne Positionswechsel:**

Auch hier gilt wieder, daß die Angreifer ihre Position nicht wechseln und nur von Position zu Position passen dürfen.

Die Aufgaben der Außenverteidiger werden schrittweise erweitert (vgl. Abb. 58):

⇒ offensives Heraustreten gegen die Außenspieler

⇒ Durchbruch der Außenspieler nach innen verhindern: Grundstellung Querstellung)

⇒ nach Ballabgabe der Außenangreifer zurücksinken bis zur Torraumlinie

⇒ Abschirmen des Anspiels zum Außenspieler durch frühzeitiges Heraustreten als Überraschungseffekt (vgl. Abb. 59)

⇒ Aushelfen bei Durchbruchsaktionen von RL/RR nach außen

Bei den Abwehraufgaben der Halbverteidiger kommen hinzu:

⇒ Aushelfen bei Durchbruchsaktionen von LA/RA nach innen

• **5 gegen 5 mit Positionswechsel:**

Jeweils ein Angreifer kann versuchen, ohne Ball an den Kreis einzulaufen. Auch Positionswechsel im Rückraum sind möglich (z. B. Kreuzen).

Aufgaben:

1. Angreifer, die die Abwehr hinterlaufen, begleiten und gegen Anspiele abschirmen.
2. Angreifer, die vor einem Abwehrspieler einlaufen oder die Position wechseln (z. B. vor HM oder VM), werden übergeben bzw. übernommen.

• **5 gegen 5 ohne Einschränkungen (freies Spiel) mit Wettkampfaufgaben (vgl. Spiel 4 gegen 4)**

Stufe 4: Zielspiel 6 gegen 6

Die Aufgaben der Verteidiger sind dieselben wie im Spiel 5 gegen 5. Hinzu kommen nun wieder die Abwehraufgaben des HM:

⇒ Den Kreisspieler gegen Anspielversuche abschirmen und

⇒ bei Durchbruchsaktionen der Rückraumspieler seinen Mitspielern helfen.

• **6 gegen 6 mit Torwurf, aber ohne Positionswechsel** (vgl. Abb. 60):

Die Angreifer dürfen ihre Positionen nicht wechseln und nur von Position zu Position passen.

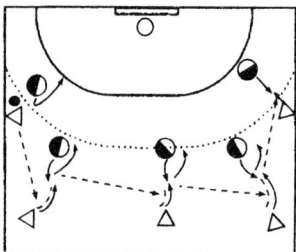

Abb. 58

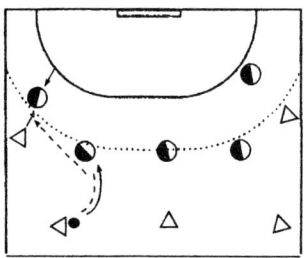

Abb. 59

Der Aktionsradius des Kreisspielers kann zunächst wieder eingeschränkt werden:

1. Der Kreisspieler darf nur an der Torraumlinie in der Spielfeldmitte agieren.
2. Freies Spiel des Kreisspielers. Allerdings darf er nur von den Rückraumspielern angespielt werden.
3. Wie 2., jedoch dürfen jetzt auch die Anspieler auf den Außenpositionen zum Kreisspieler passen.

- **6 gegen 6 mit Positionswechsel** (vgl. Abb. 61):

Jeweils ein Angreifer kann versuchen, ohne Ball an den Kreis einzulaufen. Auch Positionswechsel im Rückraum sind möglich (z. B. Kreuzen).

Aufgaben:

1. Angreifer, die die Abwehr hinterlaufen, begleiten und gegen Anspiele abschirmen.
2. Angreifer, die vor einem Abwehrspieler einlaufen oder die Position wechseln (z. B. vor HM oder VM), werden übergeben bzw. übernommen.

- **6 gegen 6 ohne Einschränkungen (freies Spiel) mit Wettkampfaufgaben (vgl. Spiel 4 gegen 4):**

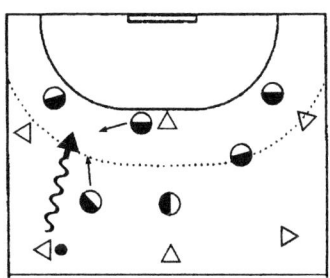

Abb. 60

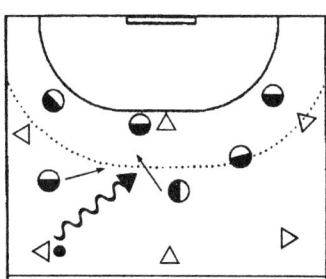

Abb. 61

6 Unterrichtsinhalte

UE	Aufwärmen	Spielform/-organisation	Ergänzende Spiel- und Übungsformen
1	**Prellspiel (1):** Alle prellen mit ihrem Ball in einem abgegrenzten Feld und versuchen, sich dabei gegenseitig den Ball herauszuspielen. Wer seinen Ball dabei verliert, prellt bis zu einer Wand und kommt dann wieder ins Feld zurück. **Partnerübung zur Grundstellung:** a) Zwei Spieler stehen sich mit geschlossenen Beinen gegenüber, halten die Handflächen gegeneinander und versuchen, sich gegenseitig durch Drücken und Ziehen der Arme aus dem Gleichgewicht zu bringen. b) wie a), die Beine sind nun aber schulterbreit geöffnet. c) wie a), die Beine sind nun versetzt in Schrittstellung. Ziel der Partnerübung ist, die Schüler erfahren zu lassen, daß das Gleichgewicht nur in Schrittstellung sicher gehalten werden kann. Nur so können sie variabel mit Armen und Beinen agieren, d. h. Druck ausüben und Druck aufnehmen. **Das Leitbild der Grundstellung:** • versetzte Fußstellung • „tänzeln" auf dem Vorfuß • leichte Beugung der Knie und Hüfte, aber aufrechter Oberkörper (= abgesenkter Körperschwerpunkt) • Arme sind angewinkelt und wirken wie „Stoßdämpfer und Distanzhalter"	**Einführung der 1:5-Abwehr:** Grundspiel 3 gegen 3 mit Torwurf, ohne und mit Positionswechsel. Schulung des vorderen Mittelblocks der Abwehr, der bei einfachem Positionswechsel der Angreifer „Übergeben-Übernehmen" spielt. Die Aufgaben der Abwehrspieler (vgl. Grundregel 1 bis 5). **„Freies Spiel 6 gegen 6"**	**Spielform „Schweizer Parteiball":** Die angreifende Mannschaft versucht, den Ball in die gegnerische Verteidigungszone (Wand, Linie) zu bringen. Der Ball darf dabei geprellt oder zugespielt werden. Wird der Ballhalter berührt, muß er innerhalb von drei Schritten oder drei Sekunden den Ball abspielen. Ein berührter Spieler kann direkt keinen Punkt mehr erzielen. Es ist die Aufgabe der verteidigenden Mannschaft, den Ballhalter zu berühren, ihm den Ball herauszuspielen oder Pässe abzufangen, um dann ihrerseits anzugreifen und Punkte zu erzielen. **Übungsreihe „Schattenlaufen" zur Schulung des gruppentaktischen Abwehrprinzips Übergeben – Übernehmen:** Spieler A prellt durch die Halle, er ist der Angreifer. B folgt ihm als sein Schatten ohne Ball, er ist der Verteidiger (Abstand maximal 2 m). Varianten: a) A hält den Ball seitlich hinaus, B beschleunigt, ergreift Ball und übernimmt die Führung. b) Immer wenn zwei Ballbesitzer (A) eng aneinander vorbeilaufen, wechseln die beiden Verteidiger (B) den Partner. c) wie b), allerdings erfolgt vor dem Wechsel ein Abklatschen mit beiden Händen. d) wie c), allerdings erfolgt das Abklatschen im Sprung. e) wie b, c oder d, wobei A häufig das Tempo variiert.

UE	Aufwärmen	Spielform/-organisation	Ergänzende Spiel- und Übungsformen
2	**Ball herausspielen:** Ein Schüler prellt den Ball auf der Stelle. Sein Partner läuft vorwärts auf ihn zu und versucht, ihm den Ball herauszuspielen. • Der Abwehrspieler muß nach jedem Versuch wieder zwei bis drei Meter zurück und kann erst von dort aus neu beginnen. • Gewechselt wird entweder nach jedem erfolgreichen Versuch des Abwehrspielers oder nach einer bestimmten Anzahl von Wiederholungen. **Prellspiel (2):** Zwei Mannschaften spielen in einem begrenzten Raum gegeneinander. Jeder der Angreifer hat einen Ball. Die abwehrende Mannschaft versucht, den prellenden Angreifern die Bälle herauszuspielen. Derjenige, der seinen Ball verliert, prellt bis zu einer Wand und kommt dann wieder ins Feld zurück. ⇒ Gezählt werden die Anzahl der Spieler, die in der vorgegebenen Zeit zur Wand prellen mußten. Der Ballbesitzer wechselt öfters die Prellhand. Der Abwehrspieler muß somit die Führungshand wechseln und versuchen, mit der gleichseitigen Hand den Ball herauszuspielen.	**Einführung der 1:5-Abwehr:** Wiederholung Grundspiel 3 gegen 3 mit Torwurf ohne und mit Positionswechsel. **Ergänzung:** 3 gegen 3 ohne Einschränkungen (evtl. mit Wettkampfaufgaben) **„Freies Spiel 6 gegen 6"** 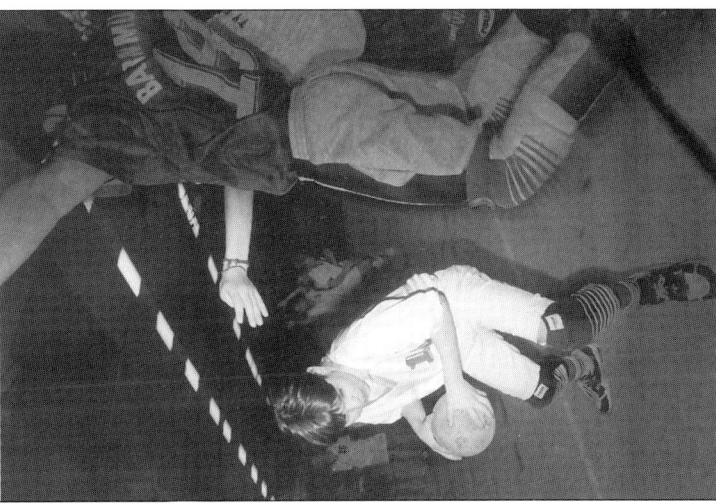	**Spielform „Parteiball 5 gegen 4 plus Anspieler":** Die Angreifer spielen mit einem Spieler weniger und passen sich einen Ball innerhalb der Mannschaft zu oder spielen ihn zum Anspieler. Die verteidigende Mannschaft versucht, die Pässe der Angreifer untereinander und die zum oder vom Anspieler abzufangen. • Abgefangene Pässe in einer bestimmten Zeit zählen. • Rollenwechsel nach x abgefangenen Pässen (die Angreifer stellen den Anspieler). **Übungsreihe „Partnerprellen" zur Schulung des gruppentaktischen Abwehrprinzips Übergeben-Übernehmen:** A prellt durch die Halle, er ist der Angreifer. B bewegt sich in Abwehrhaltung vor dem Ball (Gesicht zu A) und ist somit Verteidiger. Varianten: • Immer wenn zwei Angreifer aneinander vorbeiprellen, wechseln die Verteidiger ihren Partner (auf Blickverbindung der Verteidiger achten). • wie a), allerdings sucht A immer wieder eine 1 gegen 1-Situation. • Jeder Zweiergruppe wird ein kleines Feld zugewiesen (Linien auf dem Hallenboden!). Im Feld wird 1 gegen 1 gespielt. Angreifer aus benachbarten Feldern können das Feld wechseln. Die Verteidiger müssen in ihrem Abwehrraum bleiben und einen neuen Angreifer übernehmen.

UE	Aufwärmen	Spielform/-organisation	Ergänzende Spiel- und Übungsformen
3	**Wiederholung und Erweiterung der Partnerübung zur Grundstellung:** • Zwei Schüler versuchen, sich gegenseitig aus dem Gleichgewicht zu bringen. • Ein Schüler steht mit geschlossenen Augen in der Grundstellung. Sein Partner versucht, ihn durch leichtes Stoßen und Drücken an Rücken und Schulter aus dem Gleichgewicht zu bringen. **Prellspiel „Brückenwächter":** In der mittleren Zone B eines dreigeteilten Spielfeldes befinden sich zwei bis vier Wächter. Sie versuchen, den durch ihre Zone prellenden Spielern auf dem Weg von A nach C den Ball wegzuspielen. • Wer seinen Ball verliert, muß zurück in die Zone A und dort von Neuem beginnen. • Wer Zone C prellend erreicht, legt dort seinen Ball ab, läuft zurück in die Zone A und beginnt dort mit einem neuen Ball. • Möglichst viele Bälle verwenden.	**Einführung der 1:5-Abwehr:** Grundspiel 4 gegen 4 mit Torwurf, ohne und mit Positionswechsel. **„Freies Spiel 6 gegen 6"**	**Spielform Wiederholung „Parteiball 5 gegen 4 plus Anspieler"** **Spielform „Drei-Felder-Handball"** (vgl. Kap. 8) **Übungsreihe „Zonenverteidigen" zur Schulung des gruppentaktischen Abwehrprinzips Übergeben – Übernehmen.** Der oder die Wurfkreise werden in Streifen mit etwa 3 m Breite aufgeteilt. In jeder Zone spielt eine Zweiergruppe 1 gegen 1 zunächst ohne Ball. Sie versuchen lediglich den Wurfkreis zu berühren. Varianten: • Angreifer aus zwei benachbarten Zonen können blitzschnell die Zone wechseln. Die Verteidiger spielen Übergeben – Übernehmen. • wie a), jetzt gehören aber drei Zonen zusammen. • Jeder Angreifer hat jetzt einen Ball. Ziel ist, den Ball im Wurfkreis abzulegen. Zonenwechsel zwischen zwei oder drei Angreifern. • Zwei oder drei Angreifer haben nur einen Ball. Sie spielen sich den Ball zu oder wechseln die Zone.

UE	Aufwärmen	Spielform/-organisation	Ergänzende Spiel- und Übungsformen
4	**Prellspiel (4):** Zwei Schüler passen sich einen Ball zu. Jeder der beiden hat hinter sich ein „Hütchentor" (Breite: 2-3 m). Nach einer bestimmten Anzahl von Pässen (oder auf Signal) versucht der ballbesitzende Schüler, am Partner vorbei in dessen Tor zu prellen. • Der Verteidiger drängt den Angreifer ab und versucht dabei, den Ball herauszuspielen. • Wer erhält die wenigsten Tore? **„Kampf um die Linie":** Es werden Hütchentore aufgestellt, an denen jeweils vier Schüler agieren. Ein Abwehrspieler und ein Angreifer spielen 1 gegen 1, die beiden anderen agieren als Anspieler. Ziel ist, den Ball hinter der gedachten Linie zwischen den beiden Hütchen abzulegen. • Nach festgelegter Zeit wird gewechselt. • Der Abwehrspieler soll versuchen, entsprechend der Leitlinie immer zwischen Angreifer und Tor zu bleiben und sich nicht überlaufen zu lassen.	**Einführung der 1:5-Abwehr:** Wiederholung Grundspiel 4 gegen 4 mit Torwurf ohne und mit Positionswechsel. **Ergänzung:** 4 gegen 4 ohne Einschränkungen (evtl. mit Wettkampfaufgaben). **„Freies Spiel 6 gegen 6"**	**Spielform Erweiterung „Kampf um die Linie":** Es werden Hütchentore aufgestellt, an denen jeweils sechs Schüler agieren. Zwei Abwehrspieler und zwei Angreifer spielen gegeneinander, die beiden anderen agieren als Anspieler. Ziel ist, den Ball hinter der gedachten Linie zwischen den beiden Hütchen abzulegen. • Nach festgelegter Zeit wird gewechselt. • Nach festgelegter Punktezahl wird gewechselt. • Verbindung von zwei nebeneinander agierenden Gruppen. Angreifer können blitzschnell das „Spielfeld" wechseln ⇒ Verteidiger praktizieren Übergeben – Übernehmen.

UE	Aufwärmen	Spielform/organisation	Ergänzende Spiel- und Übungsformen
5	**Prellspiel (5):** Zwei Schüler passen sich ständig zwei Bälle zu. • einen mit dem Fuß, den anderen mit der Hand • beide mit der Hand **Auf Pfiff:** • Duelle 1 gegen 1 mit dem Ball am Fuß (sich gegenseitig den Ball abnehmen), den anderen Ball mit der Hand festhalten) • beide prellen und versuchen, sich gegenseitig an vorgegebenen Körperteilen (Schulter, Oberschenkel) zu berühren, ohne selbst berührt zu werden. **„Freie" Bälle erkämpfen:** Zwei Schüler passen sich in der Bewegung im Abstand von zwei bis drei Meter einen Ball zu. Auf Signal wirft der ballbesitzende Spieler den Ball hoch. Beide springen dann zum Ball und versuchen, ihn sich zu erkämpfen.	**Einführung der 1:5-Abwehr:** Spiel 6 gegen 6 mit Torwurf, ohne und mit Positionswechsel. Sollte das Grundspiel 6 gegen 6 noch zu schwierig sein, kann als Zwischenstufe das Grundspiel 5 gegen 5 eingeschoben werden. Gespielt wird ohne Kreisläufer und ohne HM-Verteidiger. **„Freies Spiel 6 gegen 6"**	**Spielform „Stangentorball":** Zwei Mannschaften spielen gegeneinander nach Handballregeln. Ziel ist, den Ball durch eines der drei aufgestellten „Hütchentore" in Form eines Bodenpasses zum Mitspieler zu spielen. Wird der Ball auf der anderen Seite vom Mitspieler gefangen, erhält die Mannschaft einen Punkt. Zweimal nacheinander auf dasselbe Tor zu spielen, ist nicht erlaubt. Die Hütchentore können beliebig im Spielfeld plaziert werden und sollten 2–3 m breit sein.
6	**Spielform: „Kampf um die Linie" (Wiederholung)** **Prellspiel (6):** Zwei Schüler jeder mit Ball. Abstand ca. ein bis zwei Meter. A prellt links den Ball senkrecht auf den Boden, steppt mit ein bis zwei Schritten nach rechts, um den von B dort geprellten Ball vor der nächsten Bodenberührung zu prellen. B agiert in die andere Richtung, um den von A geprellten Ball zu erreichen. • intensive Beinarbeit • auch vorwärts und rückwärts möglich (zur Erleichterung anfangs nur mit einem Ball, der immer auf derselben Stelle geprellt wird)	**Einführung der 1:5-Abwehr:** Wiederholung Spiel 6 gegen 6 mit Torwurf ohne und mit Positionswechsel. Ergänzung: 6 gegen 6 ohne Einschränkungen (evtl. mit Wettkampfaufgaben). **„Freies Spiel 6 gegen 6"**	**Spielform „Burgball 5 gegen 5":** Zwei Mannschaften spielen gegeneinander. Ziel der Angreifer ist, mit Ball den Kreis zu betreten oder ihren Spieler innerhalb des Kreises anzuspielen (vgl. Abb. 62). *Abb. 62*

12 Technikvariationstraining – Aufbaustufe

Bei der Vermittlung verschiedener Wurfarten und ihrer Anwendung im Spiel – wir haben für unsere Zwecke den Sprungwurf herausgegriffen – ist dem Prinzip „vom Einfachen zum Schweren" Folge zu leisten. Im modernen Sprachgebrauch ausgedrückt und auf Techniktraining in den Sportspielen übertragen heißt dies, vom Erwerbstraining (vgl. Kapitel 9) über das Variations- zum Anpassungstraining zu gelangen. Nach dem Erwerb einfacher Grundwurfarten (Schlag-, Sprung- und Fallwurf) werden diese systematisch und ihrer Relevanz im Wettspiel entsprechend variiert. Diese Variationen von Grundwurfarten sollen das Handlungsrepertoire und die Unberechenbarkeit für Gegner und Torhüter vergrößern und kennzeichnen somit im Leistungshandball das Wurfverhalten der Spieler.

Der Übergang zum Anpassungstraining, welches die korrekte und erfolgreiche Auswahl der situationsangepaßten Technikvariante im Spiel fördern soll, ist fließend. Die Wahrnehmung von sogenannten „Schlüsselsignalen", die in der nachfolgenden motorischen Antwort mit der korrekten Technikvariante kombiniert wird, steht im Mittelpunkt dieses Technik-Taktik-Trainings (vgl. DHB 1992, 32; ROTH 1989; 1990).

Generell kann festgehalten werden: Je mehr Wahrnehmungsaufgaben und je komplexer die Situation, desto fortgeschrittener und leistungsfähiger müssen Spieler sein. Für den Schulgebrauch wäre der Anspruch, ein Anpassungstraining durchzuführen, allerdings zu hoch.

Aus diesem Grund schlagen wir ein systematisches Sprungwurfvariationstraining mit Hilfe von Bausteinen vor. Laut DHB (1992, 25) beinhaltet Techniktraining sowohl Spiel- als auch Übungsformen, und zwar in einem Verhältnis 50 : 50, was deutlich machen soll, daß weder spielfern geübt, noch ausschließlich Lernprozesse im Spiel provoziert werden sollen. Häufig erhoffen sich Lehrer und Trainer von zahlreichen Spielformen ähnliche Resultate wie von einem systematischen Variationstraining, ohne zu berücksichtigen, daß durch ein gekoppeltes Verfahren, das in der Trainingspraxis anzustreben ist, Lernziele schneller erreicht werden und solider abrufbar sind.

1 Zielsetzungen im Technikvariationstraining – Aufbaustufe

Die Schwierigkeit bei der Formulierung von Zielsetzungen im Variationstraining besteht darin, aus der Fülle möglicher Technikvariationen die auszuwählen, welche den Anforderungen im (Schul-)Spiel am ehesten gerecht werden und die spezifischen Bedingungen des Schulsports didaktisch-methodisch berücksichtigen. Das Regelwerk des Handballspiels schränkt außerdem die Variabilität der technischen Ausführungen z. B. durch die Schrittregel ein.

Technikvariationstraining basiert auf zwei Möglichkeiten, diese Grundwurfarten variabel zu gestalten:

- *Strukturelle Variationen,* die die vorbereitenden Aktionen, wie z. B. Schrittzahl und Richtung des Anlaufs, betreffen,
- *Parametervariationen,* die sich auf Veränderung der Geschwindigkeit oder der Dynamik über den gesamten Wurf

oder zwischen Teilbewegungen beziehen.

Aus Gründen der Vereinfachung haben wir uns einerseits auf die strukturellen Variationen des Sprungwurfs beschränkt *(Schrittzahl, Anlaufrichtung, Sprunggestaltung)*, andererseits aber auch in die Gestaltung seines Anlaufs Täuschungsbewegungen eingebaut. Folgende Zielsetzungen halten wir für umsetzbar:

1. Die Schrittzahl des Anlaufs zum Sprungwurf soll von einem bis zu drei Schritten variabel sein und somit einen Absprung vom Bein der Wurfarmseite und der Wurfarmgegenseite ermöglichen.

2. Die Schüler sollen – fern jeglicher Positionsspezifik – einen Sprungwurf zur und gegen die Wurfarmseite ausführen können, was verschiedene Anlaufrichtungen voraussetzt.

3. Der Sprungwurf soll weiten- und höhenbetont ausgeführt, d. h. die Sprunggestaltung strukturell variiert werden können.

4. Ein Sprungwurf soll nach Ausführung einer Lauftäuschung ausgeführt werden können.

5. Der Sprungwurfanlauf soll mit einer Täuschbewegung gegen die Wurfarmseite eingeleitet, dann ein Sprungwurf zur Wurfhand angeschlossen werden können.

Die Behandlung von Täuschungen im Rahmen von strukturellen Variationen des Sprungwurfs entspricht nicht der üblichen Praxis. Normalerweise wird die Täuschungshandlung mit oder ohne Ball der Folgehandlung, z. B. Sprungwurf mit Anlauf oder Abspiel mit Tippen, vorgeschaltet (vgl. DHB 1992, 153). Es ist in der Regel jedoch schwierig, den Täuschungshandlungen (Körper-, Paß-, Lauf- oder Wurftäuschung) im schulischen Rahmen eine größere Bedeutung zuzumessen. Um dennoch einige Möglichkeiten aufzuzeigen, wie ein Variationstraining des Sprungwurfs in Verbindung mit Täuschungsbewegungen auf elementarem Niveau ablaufen kann, erscheint uns die Integration eines vierten und fünften Bausteins als sinnvoll. Weitere strukturelle Variationsmöglichkeiten liegen im Bereich der Anlaufübertragung, der Schrittgestaltung, der Wurfrichtung, der Ausholbewegung, der Anspielrichtung, etc., auf die aber nicht näher eingegangen werden soll.

2 Zur Methodik im Technikvariationstraining – Aufbaustufe

Schnellere und stabilere Lernergebnisse scheinen durch gezielten und geordneten Einsatz der Technikvariationen erzielbar zu sein (vgl. DHB 1992). Das Prinzip der Vereinfachung wird hierbei angewendet, weshalb es notwendig ist, zunächst wahrnehmungsarme Bewegungsaufgaben zu stellen, die dem Schüler Möglichkeiten unterschiedlicher Bewegungsausführungen aufzeigen. Konkret heißt dies, am Anfang eines Variationstrainings nur *eine* mögliche Veränderung zu üben und ihre Anwendung im Spiel durch spezielle Maßnahmen zu unterstützen.

Schrittweise wird nun im Lernprozeß eine Entscheidung zwischen *zwei* Variationen eingebaut, z. B. zur Wurfarmseite- oder zur Wurfarmgegenseite. Vom Lehrer ist dabei explizit anzugeben, welche Möglichkeiten bei der spezifischen Übung zur Auswahl stehen. Beispielsweise ist – je nach Distanz des Zuspiels oder des Abstandes zum Tor – ein hoher, absprungbetonter Sprungwurf aus drei Schritten oder ein weitenbetonter Torwurf aus einem Schritt auszuwählen.

Vereinfachend sind folgende Grundsätze zu formulieren:

• Technikvariation aufzeigen und üben

- Zwischen zwei Technikvariationen auswählen ohne Wahrnehmungsaufgabe
- Zwischen zwei Technikvariationen auswählen mit Wahrnehmungsaufgabe
- Technikvariation in Spielformen durch spezifische Konstellation provozieren.

3 Unterrichtsinhalte

Baustein 1: Variieren der Schrittzahl beim Anlauf

Lernschritt	Didaktisch-methodische Hinweise
Übungsform 1: Pro Zweiergruppe einen Ball, Pässe spielen. • Zunächst nach dem Fangen tippen, Ball aufnehmen, Schritt auf links (bei Rechtshändern), Absprung, Wurf zum Partner • dito, nur die Schüler versuchen lassen, mit dem Bein der Wurfarmseite abzuspringen (bei Rechtshändern also mit rechts)	• Das Tippen erhöht die Ballkontrolle und vereinfacht dadurch insgesamt die Bewegung. • Zunächst auf langsame, korrekte Ausführung achten.
Spielform 1: Aufsetzerball 3 gegen 3, mit Linienbegrenzung in der Mitte. Zuspiele und Aufsetzertore sind nur gültig, wenn die Sprungwürfe aus einem Schritt absolviert wurden.	• Spielen auf Querfeldern. • Linienbegrenzung wegen Zeitersparnis und Verletzungsgefahr. • Die gegnerische Mannschaft darf die mittlere Begrenzungslinie nicht überschreiten, da die technische Aufgabe ohne Gegnereinfluß leichter auszuführen ist (vgl. Kapitel 9).
Übungsform 2: Pro Dreiergruppe einen Ball, Pässe spielen im Dreieck. • Zwei Schritte Anlauf, Absprung auf links (bei Rechtshändern). Zunächst wird gegen den Uhrzeigersinn zugepaßt. • Ebenfalls mit zwei Schritten Anlauf wird der Ball dem links stehenden Partner zugeworfen (im Uhrzeigersinn). • Je nach Könnensstand wird der Absprung vom Wurfarmbein mit zwei Schritten eingeführt. Dies stellt allerdings schon hohe koordinative Ansprüche.	• die gleiche Dreiergruppe wie beim Aufsetzerball • zunächst gegen Uhrzeigersinn, weil dann der Wurf eher zur Wurfarmseite erfolgt, was einfacher ist. • auf Schrittgestaltung achten: Ball fangen, Schritt auf rechts, Schritt auf links, Absprung, Wurf, Landung auf einem oder beiden Bein(en). • Die Durchführung dieser Form sei der Einschätzung des Lehrers überlassen.
Übungsform 3: Pro Zweiergruppe einen Ball, Pässe spielen. • drei Schritte Anlauf, Absprung immer mit links (bei Rechtshändern), allerdings wird die Anlaufrichtung einmal eher zur Wurfarm –, einmal eher gegen die Wurfarmseite ausgeführt.	• Schrittgestaltung verdeutlichen: erster Schritt auf dem Sprungbein! Deutlich die linke Schulter (Körperverwringung) nach vorne bringen; dies erleichtert die Wurfbewegung (vgl. Kapitel 9).
Spielform 2: Ablegeball (Matte, Reifen), Pässe zum Mitspieler nur durch Sprungwurf erlaubt.	• bei entsprechender Schülerzahl auf Querfelder spielen. • Betonen, daß jetzt die geübten Variationen angewendet werden sollen.

Baustein 2: Variieren des Anlaufs zur und gegen die Wurfarmseite

Unterrichtsinhalte Variationstraining	Didaktisch-methodische Hinweise
Übungsform 1: • Senkrecht zur Mittellinie werden im Abstand von etwa vier Metern Hütchen aufgestellt. Jeder Schüler hat einen Ball und bekommt die Aufgabe, im Zickzack die Hütchen zu umlaufen. Dabei wird einmal zur Wurfarmseite, einmal gegen die Wurfarmseite ein Sprungwurfanlauf ausgeführt und neben dem Hütchen abgesprungen, ohne zu werfen. • Statt der Hütchen stellen sich Schüler senkrecht zur Mittellinie auf, die sich bewußt und frühzeitig nach rechts und links verschieben. • Die sich verschiebenden Schüler werden in ihrem Abwehrverhalten aktiver und machen ihre Richtung später deutlich.	• Die Schüler wählen hier einen Anlauf zwischen zwei und drei Schritten, zwischen den Hütchen wird geprellt. • Dadurch soll eine wahrnehmungsgesteuerte Entscheidung zwischen Wurfarm- und Wurfarmgegenseite getroffen werden. • Wenn der Verteidiger sich nach links verschiebt, geht der Angreifer (Rechtshänder) rechts vorbei, also zur Wurfarmseite.
Übungsform 2: • Die Außenpositionen werden mit je einem Schüler, die Halbpositionen mit mehreren Schülern besetzt. Ein Abwehrspieler steht etwa zwei Meter vom Wurfkreis entfernt. Nach Anspiel von außen zum Halbspieler führt dieser einen Sprungwurf zur oder gegen den Wurfarm aus und schließt mit Torwurf ab. Der Abwehrspieler entscheidet sich bereits beim Anspiel für eine Richtung und verhält sich lediglich halbaktiv.	• Bei zwei vorhandenen Wurfkreisen können bei der angegebenen Anordnung viele Schüler üben. • Die Situation ist durch Hinzunahme der Spielposition, des Torwurfs und eines Anspiels von außen komplexer geworden.
Spielform 1: Am Wurfkreis wird ein Sektor markiert, in dem sich die Abwehrspieler bewegen dürfen. Es wird 3 gegen 2 gespielt, wobei der Spieler, der einen Torwurf ausführt, seinen Absprung auch außerhalb des Sektors ausführen darf. Die Verteidiger müssen im Sektor bleiben.	• Durch die Sektorbegrenzung für die Abwehr wird ein Sprungwurf gegen den Wurfarm provoziert. • bei Fehlwurf zwei Punkte für die Abwehr, einen Punkt, wenn sie den Ball herausspielt. • bei nicht vorhandenen Wurfkreisen diese mit Gummistreifen markieren. • Sollten keine Tore vorhanden sein, werden aufgestellte Matten als Tore verwendet. • Abwehr und Angriff nach bestimmter Zeit wechseln.

Baustein 3: Variieren des Absprungs in die Weite und in die Höhe

Unterrichtsinhalte Variationstraining	Didaktisch-methodische Hinweise
Übungsform 1: Pro Zweiergruppe einen Ball, • zwischen die beiden Paßenden werden zwei Gummistreifen (oder Tesa-Krepp verwenden) im Abstand von einem bis zwei Meter(n) auf den Boden gelegt. Nach beliebiger Schrittzahl und nach vorne gerichtetem Absprung soll versucht werden, hinter der Markierung zu landen. • Wenn Tor und Wurfkreis vorhanden, bei geeignetem Abstand zum Tor (je nach Könnensstand der Gruppe bei neun bis elf Meter) mit Hütchen Abwurfpunkt markieren und zur Aufgabe machen, im Wurfkreis zu landen.	• Der Absprung erfolgt aus dem Prellen, d. h. aus der Vorwärtsbewegung. • Die Übung wird auf zwei Tore (oder sonstige Ziele, z. B. Matten) im Rundlauf organisiert (vgl. Abb. 63): 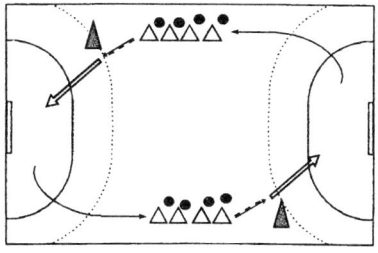 Abb. 63
Spielform 1: Aufsetzerball 4 gegen 4 (vgl. Kapitel 8), wobei das Spielfeld in der Mitte durch eine Zone getrennt ist. Wird ein Aufsetzertor erzielt, zählt dies nur, wenn die Landung nach dem Sprungwurf hinter der Zone erfolgt.	• Die Zone wird durch Gummistreifen markiert • Eventuell Abwehrspieler ins Angreiferfeld stellen, der die Zone aber nicht betreten darf. • Der Absprung muß vor der Zone erfolgen.
Übungsformen 2: • An jedem Wurfkreis stehen zwei bis drei Schüler nebeneinander und strecken zunächst im Stand die Arme nach oben. Die heranprellenden Werfer versuchen, nach einem Absprung nach oben über die Mauer ins Tor zu werfen. • wie vorher, jedoch mit Paß zum Zuspieler, Starten in die Vorwärtsbewegung, Rückpaß des Zuspielers, Ballannahme, Anlauf, Absprung, Torwurf über den Block der Mitschüler	• Die Übung wird wie oben auf zwei Tore im Rundlauf organisiert. • Die Anlaufgestaltung muß aber nicht vorgegeben sein. Die Übung sollte aber von der halbrechten und von der halblinken Position durchgeführt werden. • Das Zuspiel kommt einmal von rechts, einmal von links.
Spielform 2: Aufsetzerball 4 gegen 4, wobei an der Torfläche, der Wand, in ein bis zwei Meter Höhe eine markante Linie vereinbart wird, über die der Ball die Wand nach Aufspringen im gegnerischen Feld berühren muß. **Variation 1 „Mauerhandball":** Wie bei Spielform 1 in der Mitte eine Zone markieren, in der nun zwei bis drei Abwehrspieler agieren. Sie dürfen die Zone nicht verlassen, während die Angreifer diese nicht betreten dürfen. **Variation 2 „Netzhandball":** Anstelle der Abwehrspieler kann auch ein Volleyballnetz verwendet werden, das mit entsprechender Höhe aufgebaut wird.	• nur Sprungwürfe zulässig. • Es sollte deutlich werden, daß bei dieser Aufgabenstellung der Ball im höchsten Punkt relativ steil nach unten zu werfen ist, damit der Ball an der gegenüberliegenden Wand möglichst viel Höhe erhält. • Es wird die Spielform des Aufsetzerballs gewählt, weil a) ohne direkten Gegnereinfluß agiert wird und b) es sich um eine sehr einfache Organisationsform handelt. • Beim Mauerhandball (Variation 1) versuchen die Abwehrspieler, durch Steppen und Ballblock den Ballweg zu verstellen und so den Ball zu erobern.

Baustein 4: Sprungwurf nach Lauftäuschung

Unterrichtsinhalte Variationstraining	Didaktisch-methodische Hinweise
Übungsform 1: • Ohne Ball laufen die Schüler kreuz und quer durch die Halle. Treffen zwei Schüler frontal aufeinander, so täuschen beide eine Laufbewegung nach links an, brechen dann aber rechts durch.	• auf Tempowechsel achten! • Richtung der Laufbewegung wechseln!
Übungsform 2: • Es werden Dreiergruppen gebildet, wobei jede Gruppe einen Ball hat. Es wird folgende Aufgabenverteilung vorgenommen: ein Zuspieler mit Ball, ein Angreifer und ein Verteidiger. Der Angreifer führt gegen seinen Abwehrspieler eine Lauftäuschung aus und erhält jetzt einen Paß vom Zuspieler. Nach Ballaufnahme wird der Ball per Sprungwurf zum Zuspieler zurückgepaßt.	• Rollenwechsel innerhalb der Gruppe! • Richtung der Laufbewegung variieren! • Position des Zuspielers und damit Zuspielrichtung ständig verändern!
Übungsformen 3: • Ein Angreifer (RL oder RR) spielt 1 gegen 1 in einem begrenztem Sektor, sein Zuspieler steht auf LA/ RA (1 gegen 1 plus 1-Situation). Nach dem Paß zum Zuspieler versucht der Angreifer, sich in Richtung Tor freizulaufen. Zunächst darf der Abwehrspieler die Freiwurflinie in Richtung Tor nicht betreten. Abschluß durch Torwurf. • Auch gegen den Zuspieler wird nun ein Abwehrspieler gestellt.	• Der vorgezogene Abwehrspieler soll das Freilaufen des Angreifers in die Tiefe erleichtern. Außerdem lernen die Abwehrspieler, ihren Angreifer immer frontal vor sich zu haben und nicht von der Seite anzugreifen. • Auch der Zuspieler muß sich nun freilaufen.
Freies Spiel 7 gegen 7 mit enger Manndeckung über das ganze Feld	• Die enge Manndeckung soll die Notwendigkeit des Freilaufens deutlich machen. Dies ist bei Anwendung von Lauftäuschungen mit schnellem Tempowechsel erfolgversprechend.

Baustein 5: Sprungwurf nach Körpertäuschung

Unterrichtsinhalte Variationstraining	Didaktisch-methodische Hinweise
Übungsformen 1: • Alle Schüler haben einen Ball und prellen kreuz und quer durch die Halle. Treffen zwei Schüler aufeinander, so springen sie voreinander mit Ballaufnahme ein (Nullkontakt), setzen den ersten Schritt mit dem linken Fuß nach links, den zweiten mit rechts nach rechts und springen dann nach einem weiteren Schritt mit dem linken Bein ab. In der Luft simulieren sie eine Wurfbewegung und prellen dann weiter.	• Bei der Schrittgestaltung ist zu beachten, daß der letzte, mit dem linken Bein abgesprungene Schritt in die Tiefe, d. h. nach vorne, gerichtet ist.
• Zweiergruppen passen sich in der Bewegung mit der oben beschriebenen Anlaufgestaltung den Ball zu.	• Organisationsform: Gasse
• Zweiergruppen wie oben, zusätzlich werden drei bis vier Schüler Abwehrspieler und versuchen, die Bälle herauszuspielen oder Pässe abzufangen. Rollenwechsel.	• Die Abwehrspieler dürfen keinen Spieler berühren.
Übungsform 2: • Zweiergruppen wie oben, einer besetzt die Außenposition als Zuspieler, der nicht auf das Tor werfen darf. Vor der Freiwurflinie stehen zwei Abwehrspieler in enger Manndeckung (auch gegen den Zuspieler), die diese nicht Richtung Tor übertreten dürfen. Auf beide Tore wird diese 2 gegen 2 Situation ausgespielt, wobei die Angreifer bis an den Wurfkreis spielen dürfen.	• Durch die vorgezogenen Abwehrspieler sollen die Angreifer lernen, ihre Bewegung in die Tiefe, d. h. in Richtung Tor, auszuführen. • Wenn die Abwehr sehr wurfarmbezogen steht, dann führen die Schüler einen Sprungwurf gegen den Wurfarm (siehe Baustein 2) aus. • Werden Sektoren eingeteilt, so können vor jedem Tor acht Schüler beschäftigt werden (vgl. Kapitel 10). Es empfiehlt sich, dann auf einen Torhüter zu verzichten.
Freies Spiel 7 gegen 7 mit Manndeckung über das ganze Spielfeld. Sprungwurftore zählen doppelt.	

13 Überlegungen und Vorschläge zur Notenfindung für Haupt- und Realschule

1 Vorbemerkungen

Bei sämtlichen Spielsportarten ist die Leistungserfassung aus verschiedenen Gründen problematisch. Es ist zwar ohne weiteres möglich, die physisch-technischen Grundlagen mit Hilfe von Leistungstests zu messen, die Beurteilung des in allen Bereichen wichtigeren technisch-taktischen Anteils ist aber überwiegend eine Beobachtungsaufgabe und damit bis zu einem gewissen Grad subjektiv. Des weiteren ist eine Spielleistung so komplex (vgl. u. a. HOHMANN/BRACK 1983), daß isolierte Testformen nie ein befriedigendes Ergebnis bringen, und schließlich darf auch nicht vergessen werden, daß Zensieren immer auch mit dem in Verbindung gebracht werden muß, was zuvor unterrichtet wurde, um dem pädagogischen Prinzip „test as you teach" gerecht zu werden.

Trotzdem wird von Lehrern verlangt, daß sie auch in den Sportspielen ihre Schüler benoten. Da im Gegensatz zu den meisten Individualsportarten keine konkreten Vorschläge für eine Notengebung in den Sportspielen existieren, sind sie sich selbst überlassen. Es ist folglich nur selbstverständlich, daß zunächst versucht wurde, den fachlichen Rat verschiedener Experten einholen.

- Da sind zunächst einmal die Fachverbände. Der Handballverband Württemberg (HVW) bemüht sich seit langem, Richtlinien für die Sichtung und damit auch die Beurteilung von Talenten im Leistungssport zu finden. Ebenso unternahm der Deutsche Handball-Bund mehrere Versuche, eine möglichst gerechte Objektivierung bei der Beurteilung seiner Auswahlspieler herbeizuführen. Beide Systeme sind aber für den Schulsport wenig tauglich. Talentsichtung bzw. Talentförderung ist ein Prozeß, der in der Regel mehrere Jahre dauert, so daß sportliche Leistungen kontinuierlich gemessen und beurteilt werden können. Notengebung im Sportunterricht unterliegt aber aufgrund der speziellen Rahmenbedingungen der Schule immer auch der Forderung nach Ökonomie. Eine Übertragung der oben erwähnten Tests ist deshalb im speziellen Fall zu zeit- und materialaufwendig.

- Des weiteren haben sich vereinzelt Sportpädagogen zu Wort gemeldet (vgl. u. a. JOST 1980). Ihr Anliegen ist es, zunächst die pädagogische Bedeutung und die Auslesefunktion von Sportzensuren zu diskutieren (vgl. JOST 1980, 13–15). Daraus resultieren dann gewöhnlich Vorschläge für eine verbesserte Notenfindung (vgl. ZÖLLER 1980; GERIKE 1980). Allerdings haben ihre Verfahren den Nachteil, daß sie sehr allgemein sind und deshalb bei einer Anwendung in einer konkreten Sportart, und hier speziell in den komplexen Spielen, Mängel aufweisen. Zudem setzen sie gewöhnlich den Einsatz von Beobachtungs- oder Beurteilungsbögen oder gar den Einsatz spezieller Matrixen (vgl. u. a. JOST 1980, 15) voraus – Dinge, die nicht gerade geeignet sind, dem Lehrer den Unterrichtsalltag und die Verpflichtung zur Zensurenermittlung zu erleichtern.

Aus diesen Gründen ist es Aufgabe des folgenden Kapitels, zunächst die besondere Situation der Notengebung im Sportspiel zu reflektieren. Unter Berücksichtigung der erörterten Problempunkte sind dann Vorschläge zu erarbeiten, die es erlauben, in der Unterrichtspraxis ökonomisch, spezifisch und vor allem spieladäquat zu zensieren.

2 Pädagogisch-psychologische Überlegungen zur Notengebung

Wie in jedem anderen Fach kann das Zensurengeben auch im Sportunterricht mehreren *Fehlerquellen* unterliegen. Insofern ist der folgende Fehlerkatalog durchaus auch für andere Fächer passend, führt aber aufgrund der genannten subjektiven Kriterien beim Sportspiel unter Umständen zu massiven Ungerechtigkeiten:

- *Gruppeneinfluß:* Starke Gruppen erhalten zu niedrige Noten *(Strengefehler),* schwächere Teams zu gute Noten *(Mildefehler),* oder es besteht die Gefahr der Mittelwerttendenz, d. h. der Notenbereich „Drei" ist überrepräsentiert, Extremnoten werden bewußt vermieden.

- Eine andere menschliche Fehlerquelle bei der Beurteilung von Schülern ist der *Halo-Effekt.* So kann es passieren, daß ein sportliches Äußeres als so zentrales Merkmal wahrgenommen wird, daß die eigentlich wichtigen Eigenschaften, wie technisch-taktisches Können oder Spielwitz, verdeckt werden.

- Nicht unterschätzt werden darf auch der *Pygmalion-Effekt* (self-fulfilling prophecy). Erwartungen beeinflussen die Spielleistung und damit auch die Spielbeurteilung. Eine hohe Einschätzung bringt verbesserte Motivation und damit eine reale Leistungsverbesserung, was pädagogisch selbstverständlich wünschenswert ist. Aber leider verläuft dies genauso im negativen Sinne.

- Neben diesen eher psychologischen Fehlerquellen werden häufig auch im strukturellen Bereich Fehler gemacht, da Spielzensuren in Teilleistungen aufgegliedert werden, die die Spielwirklichkeit nicht angemessen repräsentieren. Versuche von P. DONLON (1986), eine Aufgliederung der Prüfungsteile in (a) Spielen, (b) Techniktests und (c) mündliche Fragen zur Regelkunde und diese Teile mit einer Wertung von 2 : 1 zugunsten des Spiels vorzunehmen, überzeugen aus unserer Sicht nicht. Die Schwerpunktsetzung des „Spielens" ist so nicht ausreichend berücksichtigt. Zwar kann man, wie bei diesem Handballtechniktest vorgeschlagen wird, Sprungwurf, Schlagwurf und Slalomdribbeln prüfen und punkte- bzw. notenmäßig einordnen, dies sagt aber noch lange nicht aus, ob der Schüler z. B. den Sprungwurf situationsgerecht anwenden kann. Darüber hinaus vernachlässigt ein solches Vorgehen Aspekte der Spielfähigkeit im weiteren Sinne völlig, was unserem Verständnis von Spielfähigkeit entgegensteht (vgl. hierzu Kapitel 1).

Erfreulich ist in diesem Zusammenhang ein Vorschlag, den das Kultusministerium in Stuttgart im ELTERNJOURNAL (MKS 1994a) getroffen hat. Unter dem Titel „Nicht nur Zeit und Zentimeter" wird die These vertreten, daß die Sportnote auch *Einstellungen und Haltungen* berücksichtigen soll. Natürlich werden kräftige, schnelle, gut trainierte Schüler eher eine gute Sportnote erhalten, aber auch für die anderen Schüler muß die Zensur nicht automatisch schlecht ausfallen. Der Sportunterricht hat schließlich verschiedene Funktionen. Neben der wichtigen Rolle der Gesundheitserziehung und -förderung will er emotionale und soziale Kompetenzen einüben. Es wird zu Recht angemerkt, daß gemeinschaftlich ausgeübter Sport dazu beitragen kann, egoistische Verhaltensweisen, Bindungsverluste und zwischenmenschliche Defizite auszugleichen. Bloßstellungen, Blamieren und Überforderungen, undifferenzierter Unterricht, Intoleranz gegenüber leistungsschwachen Schülern, dies alles gehört nicht zu den Prinzipien eines pädagogisch orientierten Sportunterrichts. In diesem Zusammenhang tauchen immer wieder die Begriffe des „pädagogischen Bewertungsspielraums" und der „pädagogischen Note" auf. In der Verordnung des Ministeriums für Kultus und Sport über die Notenbildung steht hierzu eindeutig: Die Bildung der Note in einem Unterrichtsfach ist eine pädagogisch-fachliche Gesamtwertung der vom Schüler im Benotungszeitraum erbrachten Leistungen. Also gibt es neben den „objektiven" Leistungen auch andere bedeutende Faktoren. Hier sind Einstellungen und Haltungen gemeint, z. B. Selbstvertrauen, Selbstdisziplin, Leistungs-, Verantwortungs- und Hilfsbereitschaft sowie Fairneß im Sportspiel. Ein übergewichtiger Schüler, der einen Fallwurf versucht, sich müht, beinahe ein Tor wirft, nach der Aktion von den Mitschülern durch Handabklatschen gelobt wird, kurz: Freude in den Sportunterricht bringt, ist bestimmt nicht schlechter zu bewerten als ein Vereinsspieler, der in überheblicher Art und Weise seine Mitspieler ignoriert, sehr eigensinnig spielt und ein Tor um das andere wirft. Die Sportnote soll eine Rückmeldung an die Schüler sein, ob sie die unterschiedlichsten Ziele des Unterrichts erreicht haben. Das ist genau das Gegenteil einer disziplinierenden Wertung.

Ein weiterer sehr wichtiger Punkt ist in diesem Zusammenhang die *Transparenz.* Die Schüler müssen über die Grundlagen der Notenverteilung Bescheid wissen. Ihnen muß deutlich werden, daß der Lehrer keine Spitzensportler trainieren will, sondern für alle Schüler ein vielfältiges Bewegungs-, Spiel- und Sportange-

bot anbietet. Dies muß sich auch in der Art und der Durchsichtigkeit seiner Notengebung widerspiegeln. Folglich muß gerade bei Zensuren im Bereich der Sportspiele klar sein, welche Kriterien ihnen zugrunde liegen und wie sie zustande kommen. In den Anweisungen für die Hauptschulabschlußprüfung ist dies deutlich ausgedrückt. Ein Sportlehrer muß bei einer offenen Aufgabenstellung wie „Spiele drei gegen zwei im Angriff auf begrenztem Raum" erkennen, wie der einzelne Angreifer bzw. der Abwehrspieler seine Aufgabe löst. Dabei ist für eine Beurteilung die komplexe Situation entscheidend, wozu dem Lehrer die folgenden Fragen bei der Beurteilung helfen können:

- Geht die Stoßbewegung in die Lücke?
- Wurde zuvor eine Paß- oder Lauffinte durchgeführt?
- Findet ein Tempowechsel statt?
- Sind die Wurfvarianten adäquat?
- Erfolgte die Wurfentscheidung im richtigen Moment?
- Verhält sich der Abwehrspieler aktiv oder nur passiv, regelkonform oder nicht?

Selbstverständlich besteht auch für diese Kriterien wieder die Möglichkeit, Tabellen anzulegen, doch entspräche die Aufteilung dieser komplexen Handlung in einzelne Minischritte nicht dem gesamten Spielcharakter. Der Einwand, daß diese subjektive Bewertung ungleich schwieriger sei, ist richtig. Es muß aber folgendes hinzugefügt werden: Wird nämlich eine Situation mit Hilfe von Beobachtungskriterien „vorgefiltert" betrachtet, so haben die Personen, die andere beurteilen, das Kompetenzproblem und das Subjektivitätsgefühl deutlich reduziert.

3 Konsequenzen für die Notengebung im Handball

Normalerweise wird die Leistung eines Spielers an seiner Effektivität gemessen.

Wie löst man nun das Problem, daß ein Schüler einerseits „mannschaftsdienlich" und andererseits „notenwirksam" spielen muß? Voraussetzung dabei ist wiederum die Transparenz. Die Schüler müssen die Entscheidungs- und Beurteilungskriterien kennen, sie müssen aber vor allem selbst eine Urteils- und Kritikfähigkeit entwickeln und diese in Eigen- und Fremdbewertung einsetzen können.

Im folgenden soll nun am Beispiel verschiedener Übungen, die allesamt in diesem Buch als Übungsformen Verwendung gefunden haben, aufgezeigt werden, welche Anforderungen für die Mittelstufe realistisch sind, welche Bewertungskriterien angewendet werden und wie eine *subjektiv begründete Benotung* verstanden wird.

- **Erster Orientierungsrahmen: Torwürfe und Entscheidungsfähigkeit**

a) *Würfe von der Außenposition:* Wurftäuschung des RL, Paß zu LA, Torwurf. RL wird nach dem Abspiel zum Abwehrspieler und versucht, den Ball fair aus der Hand zu spielen (vgl. Abb. 64).

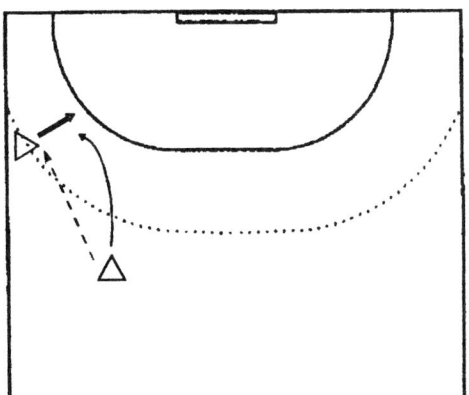

Abb. 64: Prüfungsübung „Würfe von der Außenposition".

Beurteilungskriterien:
- Bewegungstempo
- Richtung und Länge des Laufweges

- Art und Qualität der Wurftechnik einschließlich der Ballannahme

b) *Entscheidungsverhalten auf einer Rückraumposition:* Paß von LA auf RL, der dann zwischen Spiel 1 gegen 1 oder Torwurf entscheiden muß (vgl. Abb. 65)

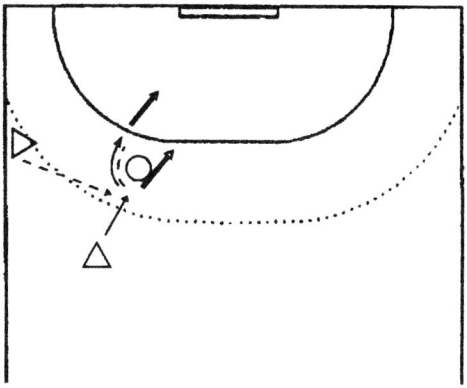

Abb. 65: Prüfungsübung „Entscheidungsverhalten auf einer Rückraumposition".

Beurteilungskriterien:

Es gelten dieselben Kriterien wie bei a). Der Unterschied liegt vor allem darin, daß der Rückraumspieler nicht nur verschiedene Wurfvarianten durchführen soll, sondern zuerst eine Auswahlentscheidung treffen muß.

- **Zweiter Orientierungsrahmen: Überzahlspiel**

a) *Überzahlspiel 2 gegen 1 im Positionsangriff:* Zunächst sind zwei Angriffspositionen festzulegen, wobei sich zwei der drei Rückraumpositionen anbieten. Die angreifenden Schüler haben die Aufgabe, die Überzahlsituation 2 gegen 1 zu lösen (vgl. Abb. 66). Hierzu können folgende Handlungen vorausgesetzt werden:
- durch einen Sprungwurf, wenn die Abwehr defensiv bleibt

- durch einen Knickwurf, wenn der Abwehrspieler stark wurfhandorientiert steht
- durch ein Anspiel zum Kreisspieler, wenn die Abwehr offensiv heraustritt

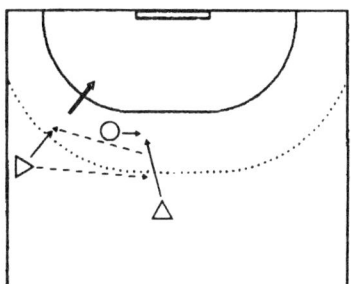

Abb. 66: Prüfungsübung „Überzahlspiel 2 gegen 1 im Positionsangriff".

Beurteilungskriterien:

- Spielübersicht, Erkennen der Situation
- technische Fertigkeiten, z. B. Bodenpaß, adäquater Wurf
- koordinative Fähigkeiten, z. B. Orientierungsfähigkeit oder Differenzierungsfähigkeit
- taktische Fähigkeiten, Verhalten bei defensiven bzw. offensivem Abwehrspieler.

b) Überzahlspiel 2 gegen 1 und 3 gegen 2 im vereinfachten Gegenstoßspiel: Nach Ballaufnahme (Ballkasten im Wurfkreis) hat die Angreifergruppe die Aufgabe, mit möglichst hohem Tempo den bzw. die Verteidiger in Überzahl zu überspielen und mit Torwurf abzuschließen (vgl. Abb. 66).

Beurteilungskriterien:

- Spielübersicht, Erkennen der Situation
- technische Fertigkeiten, z. B. Paßsicherheit über größere Distanz, Wurf aus relativ hoher Laufgeschwindigkeit, etc.
- koordinative Fähigkeiten, z. B. Orientierungs- oder Umstellungsfähigkeit
- taktische Fähigkeiten, Verhalten bei defensivem bzw. offensivem Abwehrspieler
- Geschwindigkeit der Aufgabenlösung

Dies alles muß komplex beobachtet und dann nach Bewegungsqualität, Variabilität und Effektivität bewertet werden. Spielen ist ein Prozeß, deshalb kann sich die Spielbeobachtung nicht auf eine Situation beschränken. Der Lehrer muß seine Schüler in allen Spielsportarten kontinuierlich beobachten und vor allem ihre individuellen Perspektiven erkennen.

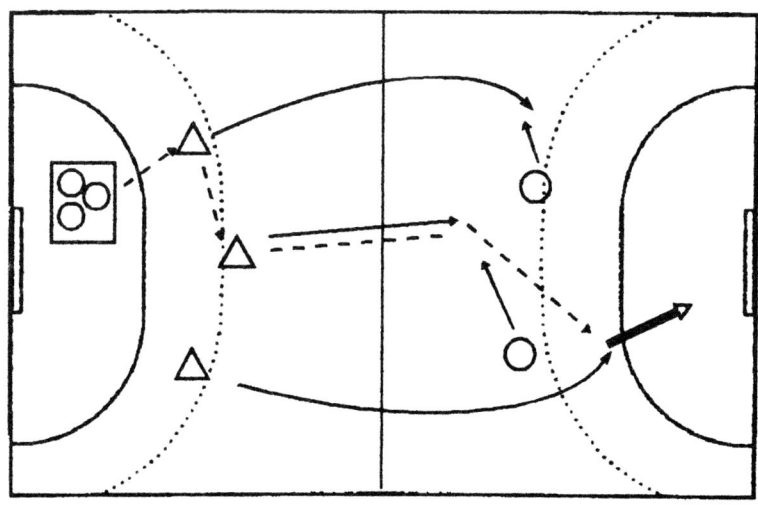

Abb. 67: Prüfungsübung „Überzahlspiel 2 gegen 1 und 3 gegen 2 im vereinfachten Gegenstoßspiel"

V.
Ausgewählte Themen –
Oberstufe und Aufbautraining

Einleitung

Mit dem Kapitel „Ausgewählte Themen – Oberstufe und Aufbautraining" schränkt sich der Adressatenkreis zunächst auf die Klassen 11–13, sowie gegebenenfalls auf B- und A-Jugendmannschaften ein. Dies hat zur Konsequenz, daß jetzt vermehrt taktische Inhalte in den Mittelpunkt rükken. Grundsätzlich ist hierbei anzumerken, daß es sich bei diesen Inhalten auf keinen Fall um komplizierte taktische Abläufe in Form von Spielzügen oder Angriffskonzeptionen handelt, sondern vielmehr um mannschaftstaktische Systeme, die den Spielern als Ordnungs- und Orientierungsrahmen dienen sollen. Innerhalb dieses Orientierungsrahmens können die Spielerinnen und Spieler dann zunächst ihre individualtaktischen Fähigkeiten umsetzen. Hinzu kommt noch, daß jetzt die individuelle Spielfähigkeit in einfache gruppentaktische Angriffsmittel eingebracht werden sollte, um auf diesem Wege das Angriffsspiel weiter zu verbessern.

Im Bereich der Abwehr wurde bereits für die Mittelstufe ein solches Vorgehen vorgeschlagen und ausgehend von der Manndeckung der mannschaftstaktische Ordnungsrahmen der 1:5-Abwehrformation erarbeitet. Darauf aufbauend können beispielsweise in wenigen Schritten die Grundlagen der 3:2:1-Abwehrformation erlernt werden. Dies ist ein Deckungssystem, das zwar im Leistungshandball in der Regel bevorzugt gespielt wird, trotzdem für die Schule aber zu kompliziert und zeitaufwendig ist.

Im Angriff haben wir einen solchen Schritt noch nicht durchgeführt. Dies soll deshalb für die Oberstufe in zweifacher Weise geschehen:

1. Nach der in der Mittelstufe erfolgten Differenzierung in verschiedene *Angriffsrollen* müssen diese in ein System eingeordnet werden. Aus diesem Grund befaßt sich das erste Kapitel mit der Erarbeitung der gängigen 3:3-Angriffsformation. Allerdings darf es bei der Erarbeitung des Systems nicht bleiben. Vielmehr ist es zwingend notwendig, Möglichkeiten des Zusammenspiels für einzelne Positionen in Form von Partnerhilfen zu schaffen. Dies wird in Form weniger und einfacher gruppentaktischer Angriffsmittel für zwei oder drei Angreifer geschehen (vgl. Kapitel 14).

2. Die von uns favorisierte Deckungsformation (1:5-Abwehrformation) ist offensiv ausgerichtet. Insofern ist es logisch, mit den Schülern ein einfaches Gegenstoßkonzept zu erarbeiten, das ihnen ermöglicht, Vorteile der 1:5-Abwehrformation mit schnellem Konterspiel zu nutzen. Der Bereich „Gegenstoß" wird dabei aber grundsätzlich das Element „Transition", also das Umschalten von Abwehr- auf Angriffsverhalten, als einen Schwerpunkt beinhalten, so daß eine weitere Verbesserung bzw. Differenzierung des Abwehrverhaltens innerhalb des Rahmens der 1:5-Abwehrformation angestrebt wird (vgl. Kapitel 15).

Die Festlegung dieser Ziele und Inhalte hat methodische Konsequenzen. Während bisher das Element „Spielen" im Mittelpunkt stand, erfordert die Entwicklung einfacher taktischer Elemente vermehrt den Einsatz von Übungs- und Trainingsformen. Dies hat zur Folge, daß in den einzelnen Stunden mehr Zeit für Übungsprozesse verwendet wird.

Unter diesen Vorgaben sind auch die Aufgaben der einzelnen Klassen- bzw. Jahrgangsstufen der Oberstufe zu besprechen. *Klasse 11* hat nach dem Lehrplan eine Gelenkfunktion; das bedeutet, daß Inhalte aus der Mittelstufe zu wiederholen und zu vertiefen sind. Insofern wird nicht auf eine inhaltliche Gestaltung der Klasse 11 eingegangen. Hierzu sind die Themen der Mittelstufe zu verwenden. In den *Jahrgangsstufen 12 und 13* dagegen schreibt der Lehrplan neue, für Grund- und Leistungskurs gleichlautende Inhalte vor (vgl. Kapitel 3). Sollte die Sportart Handball als Unterrichtsinhalt gewählt werden, stehen 30 Unterrichtsstunden zur Verfügung (vgl. Kapitel 16). Aus didaktisch-methodischen, aber auch motivationalen Gründen ist es angebracht, diesen Stundenpool für zwei Themenbereiche zu verwenden, und diese auf die beiden Klassenstufen zu verteilen. Dies entspricht dann etwa 15 Stunden, also sieben bis neun Wochen themenbezogener Handballunterricht pro Schuljahr.

Bei der Auswahl der Themen ist eine Modifikation des Lehrplans angebracht (vgl. Kap. 3). Aufgrund der Tatsache, daß der Lehrplaninhalt „Gegenstoß" aus unserer Sicht für Klasse 10 wenig geeignet erscheint, schlagen wir unter Berücksichtigung der typischen Spielstruktur die Elemente *Ballerobern* und *-transition,* also individual- und gruppentaktisches Verhalten in der Abwehr und beim Gegenstoß, als eines dieser beiden Themen vor. Das zweite Thema ist dann im Sinne der Ausgewogenheit aus dem Bereich des Angriffs zu wählen, weshalb wir uns für die *gruppentaktischen Angriffsmittel* entschieden haben. Beide ausgewählten Themen sind so bearbeitet, daß sie sowohl für Grund- als auch für Leistungskurse einsetzbar sind. Dies allerdings unter der Voraussetzung, daß die Themen von den jeweiligen Kollegen ihren zeitlichen Vorgaben angepaßt werden. Konkrete Vorschläge sind den Kapiteln 14 und 15 zu entnehmen.

14 Erarbeiten von gruppentaktischen Angriffsmitteln

Nachdem Orientierungs- und Mittelstufe im Bereich der Angriffstaktik die Schwerpunkte balltechnische Fertigkeiten und individualtaktische Fähigkeiten sowie das freie Spiel mit einer ersten Positionsdifferenzierung in den Sektorenspielen hatten, ist es eine Aufgabe der Oberstufe, über die Vertiefung des Positionsspiels ein Spielsystem zu vermitteln, ohne dabei zu einseitig positionsspezifisch zu arbeiten. Ein variables Positionsspiel, in dem die Schüler in der Lage sein sollten, verschiedene Aufgaben zu übernehmen und gezielt mit anderen zusammenzuarbeiten, ist nach wie vor das Hauptziel.

Für den Bereich der Oberstufe, der in etwa am Grundlagentraining gemessen werden kann, kommt deshalb lediglich die Raumaufteilung im Rahmen der 3:3-Angriffsformation in Frage. Eine 2:4-Angriffsformation scheidet aus, weil die Abstände zwischen den beiden Rückraumspielern zu groß sind und damit die Pässe zu lang werden. Dies entspricht einer eindeutigen Überforderungen und hat eine Anhäufung von Paß- und Fangfehlern zur Folge, was das Spiel unattraktiv macht.

1 Ziele der 3:3-Angriffsformation

Mit dem Positionsangriff im Rahmen eines Spielsystems werden in der Aufbau- und der Abschlußphase wichtige taktische Ziele verfolgt (vgl. DHB 1992, 133). So muß nach Abbruch des Gegenstoßspiels (vgl. Kapitel 15) zunächst jeder Spieler einen Arbeitsraum in diesem System besetzen, um in Abstimmung mit der Mannschaft den spezifischen Spielrhythmus zu finden. Diese Arbeitsräume

entsprechen den im Handball üblich gewordenen Positionen (vgl. hierzu Abb. 40). Nachdem durch mehrere Paßstafetten von Position zu Position überhastete Aktionen vermieden werden, geht es im Rahmen dieses Spielsystem darum, ein druckvolles Paßspiel als Vorbereitung von Abschlußhandlungen, wie z. B. Kreuzen, Rückpässe oder Doppelpässe mit dem Kreisspieler, aufzubauen (vgl. DHB 1992, 133). Im Rahmen dieses Paßspiels haben die verschiedenen Spieler unterschiedliche Aufgaben. Sie sollten sich jedoch an übergeordnete Arbeitsprinzipien halten, um den Vorteil, den ein solches System bietet, auch ausnutzen zu können.

2 Spielweise und Arbeitsprinzipien der 3:3-Angriffsformation

Grundsätzlich gilt es, bei den Arbeitsprinzipien in einer 3:3-Angriffsformation mehrere Spielweisen zu unterscheiden, denn ein Positionsangriff kann sowohl als freies Spiel als auch als gebundenes Spiel in Form von Spielzügen oder von Angriffskonzeptionen organisiert werden. Die Entwicklung des Spiels geht seit vielen Jahren eindeutig in Richtung von Angriffskonzeptionen, da dies den Spielern größere taktische Freiheit und Kreativität ermöglicht. Egal, für welche Spielanlage man sich entscheidet, es ist von entscheidender Bedeutung, daß jeder Angreifer einige grundlegende Verhaltensweisen im Angriff beherrscht. Diese sind unabhängig vom Leistungsstand und deshalb auch für die Schule von Bedeutung. Folgende Grundsätze gelten für die 3:3-Angriffsformation als unverzichtbar (vgl. KLEIN 1978, 36–77):

- Jede Position soll jederzeit durch einen Angreifer besetzt sein, wobei es kurzfristig vorkommen kann, daß sich zwei Angreifer, etwa nach einem bestimmten Angriffsmittel, in einem Angriffsraum befinden.
- Vor allem im Anfängerbereich sollte der Ball immer nur zwischen nebeneinander stehenden Spielern gepaßt werden. Abspiele über zwei Stationen sind zwar spieltaktisch sehr geschickt, erfordern jedoch eine gründliche Schulung. Für einen Einsatz in der Schule sind deshalb die Voraussetzungen der Klasse genau zu überprüfen.
- Der Ball soll immer in der Vorwärtsbewegung angenommen und wieder abgespielt oder geworfen werden.
- Nach Ballabgabe soll der Ballhalter sofort rückwärts auf die Ausgangsposition laufen.
- Der Ball soll immer nur einem angriffsbereiten Spieler zugespielt werden. Spieler, die sich in der Rückwärtsbewegung befinden, sollten möglichst nicht angespielt werden.
- Der Ballhalter sollte versuchen, mehrere Abwehrspieler auf sich zu ziehen, also die Nahtstellen zwischen zwei Abwehrspielern anzulaufen.

Diese Grundverhaltensweisen sind nun bei der Entwicklung der 3:3-Angriffsformation systematisch einzuführen, da sie einerseits die Grundlage für torgefährliches Verhalten im Handball darstellen, andererseits den Ansatzpunkt für weitere Angriffsmittel, wie z. B. Kreuzen, Parallelstoß mit Rückpaß oder Doppelpaßspiel mit dem Kreisspieler darstellen. Somit sind im Rahmen dieser Unterrichtseinheit zunächst die grundlegenden Angriffsprinzipien zu erarbeiten, und darauf aufbauend sind erste *gruppentaktische Angiffsmittel* hinzuzufügen. Für diesen Zweck empfehlen wir die folgende Auswahl:

Parallelstoß mit Rückpaß kann mit einem Doppelpaß verglichen werden. Spezifisch ist dabei, daß die beiden Beteiligten durch entsprechende Laufwege die Abwehr auseinanderziehen, um dadurch Lücken aufzutun, wobei dieses Verhalten durch eine entsprechende Täuschbewegung noch unterstützt werden kann. Interessant ist vor allem die Tatsache, daß dieses gruppentaktische Angriffsmittel auf vielerlei Positionen eingesetzt werden kann. So besteht die Möglichkeit, daß die Spieler auf Rückraum Mitte und links auf diese Art und Weise zusammenspielen oder aber ein Rückraumspieler und sein jeweiliger Außenspieler, also etwa Rückraum rechts und Rechtsaußen oder Rückraum links und der Linksaußen. Ganz entscheidend bei diesem Angriffsmittel ist die Fähigkeit, den Sprungwurf variieren zu können, da auf bestimmten Positionen verlangt wird, daß die Wurfbewegung gegen die Wurfhand ausgeführt wird. Insofern ist eine Wiederholung der Elemente aus Kapitel 12 angebracht.

Kreuzen bezeichnet ein gruppentaktisches Angriffsmittel, das vor allem zwischen Rückraumspielern abläuft. Dabei wechseln zwei Spieler in einer dynamischen Vorwärtsbewegung den Arbeitsraum, um die Abwehrspieler vor Zuständigkeitsprobleme zu stellen. Ideal ist es, eine solche Kreuzbewegung von der Position Rückraum Mitte einzuleiten und in Zusammenarbeit mit Rückraum links oder rechts auszuführen.

Eine weitere Alternative stellt auch das *Doppelpaßspiel mit dem Kreisspieler* dar, zumal dieses gruppentaktische Angriffsmittel von allen Positionen eingeleitet werden kann. Dies hat den Vorteil, daß sich auch die beiden Außenspieler besser ins Mannschaftsspiel integrieren können. Doppelpässe haben darüber hinaus den Vorteil, daß der Kreisspieler sehr gut ins Spiel eingreifen kann, was bei guten Spielern sogar so weit gehen kann, daß sie Eigeninitiative ergreifen und den Doppelpaß bewußt fordern. In den Stundenblättern haben wir aus verschiedenen Gründen auf eine Darstellung dieses Angriffsmittels verzichtet. Sollte an einer Einführung Interesse bestehen, so bleiben die besprochenen methodischen Prinzipien gewahrt.

3 Stoffverteilungsplan

Tabelle 15: Stoffverteilungsplan zum Thema „Erarbeiten von gruppentaktischen Angriffsmitteln"

Unterrichtseinheit (UE)	Unterrichtsinhalte
1	Erarbeiten der Angriffsprinzipien – Teil 1
2	Erarbeiten der Angriffsprinzipien – Teil 2
3	Kennenlernen der Angriffsräume in einer 3:3-Aufstellung
4	Spielen in den Angriffsräumen
5	Erarbeiten des einfachen Kreuzens – Teil 1
6	Erarbeiten des einfachen Kreuzens – Teil 2
7	Erarbeiten des Angriffsmittels „Parallelstoß mit Rückpaß" – Teil 1
8	Erarbeiten des Angriffsmittels „Parallelstoß mit Rückpaß" – Teil 2

4 Unterrichtsinhalte

UE	Aufwärmen	Spielform/-organisation	Ergänzende Spiel- und Übungsformen
1	**Koordinationsprogramm mit Bällen:** Jeder Schüler braucht einen Ball: • Alle prellen in einem vorgegebenen Feld. Laufen und Prellen mit vielen Richtungsänderungen für zwei bis drei Minuten. • Schüler, die von anderen berührt werden, machen eine Zusatzaufgabe (Strecksprung, abrollen, dem Abschlagenden nachlaufen, dem Abschlagenden durch die Beine kriechen, etc.). • Aus dem Lauf werfen sich die Schüler den Ball vor, fangen ihn wieder und simulieren eine Wurfbewegung. **Spielform „Ablegeball":** Ziel ist, den Ball im Wurfkreis, in Reifen oder auf Matten der gegnerischen Mannschaft abzulegen.	**Erarbeiten von Angriffsprinzipien – Übungsreihe „Passen und Stoßen im Dreieck":** • Passen und Stoßen im Dreieck mit Entscheidungsaufgaben (ein Ball pro Gruppe). Vgl. Abb. 68. *Abb. 68* • Hand auf den Rücken => Spieler ist nicht anspielbar, also Rückpaß. • In der Hocke => Spieler muß umdribbelt werden. • Lehrer hebt Hand => Alle setzen sich sofort hin. **Torwurfübungen** (vgl. Kapitel 12) von verschiedenen Positionen.	Wichtig ist der Laufweg zur Mitte (ggf. optische Orientierungshilfe verwenden), der Paß zur Seite und das anschließende Zurücklaufen auf die Ausgangsposition. Auf die Geschwindigkeit der Umentscheidungen achten! Kombination der Elemente erhöht die Schwierigkeit nochmals. Umsetzen der Angreiferprinzipien (vgl. Abschnitt 2).
2	**Passen und Fangen in der Zweiergruppe:** • Lockeres Laufen und freies Passen. • bewußtes Verändern von Abständen im freien Passen. • Einsatz von Störspielern. • Passen in der Gassenaufstellung. Variation der Anlaufrichtung beim Passen und Variation der Paßart (mit rechts, links, als Sprungpaß, etc.). • Wettkampfform: Wer schafft in einer vorgegebenen Zeit die meisten Pässe? **Spielform „Wettwanderball":** Bälle werden durch die Gasse gespielt, indem immer schräg zum nächsten gespielt wird. Der Lehrer/Zuspieler muß die Übung abwechselnd links und rechts beginnen.	**Erarbeiten von Angriffsprinzipien – Übungsreihe „Passen und Stoßen im Kreis"** (vgl. Abb. 69): Reihenfolge vorgeben, um das Tempo zu erhöhen. *Abb. 69* • Grundform (s. o.) mit zwei Bällen. • Freie Paßwege. • Freie Paßwege gegen einen „Tiger" (vgl. Kap. 8). • Zwei Kreise spielen gegeneinander: Wer spielt die meisten Pässe? • Passen und auf die Position des Fängers laufen.	• Stoßbewegung geht zum Kreismittelpunkt, der Paß mehr zur Seite. • Zunächst den Nebenmann anspielen. • Auf angriffstypisches Verhalten (Passen in der Bewegung) achten. • Tempsteigerung! • Der Nebenmann darf nicht angespielt werden. • Erste Position doppelt besetzen!

UE	Aufwärmen	Unterrichtsinhalte	Didaktisch-methodische Hinweise
3	**„Tablettspiel" mit koordinativen Zusatzaufgaben:** • Alle Schüler prellen in der Halle und verteilen sich gleichmäßig auf diesem „Tablett". • Partnersuche auf Zuruf und mit Handklatsch den Partner begrüßen. • Gruppenbildung auf Zuruf (Zahl=Gruppengröße). **Übungen zum Passen und Fangen/Zweiergruppe (Organisationsform: Gasse):** • Drei bis fünf Zuspiele, Ball ablegen, Platzwechsel. • Schüler A paßt im Sitzen, B im Stehen (Wechsel). • A und B spielen sich den Ball in einer leichten Vorwärtsbewegung zu und führen nach jedem Paß eine Zusatzaufgabe aus. **Spielform „Handball – Fußball":** Zwei Mannschaften spielen gegeneinander. Hat Mannschaft A den Ball, wird Handball gespielt, bei Ballbesitz B Fußball.	**Übungsreihe „Kennenlernen der Angriffsräume":** Aufstellung laut Abb. 70, wobei einzelne Positionen doppelt besetzt werden können – Aufgaben: • Passen mit einem oder zwei Bällen. • Immer neue Positionsbesetzung, indem nach einem genem Paß rückwärts auf die nächste Position gelaufen wird. • Auf akustisches oder optisches Zeichen Richtungsänderung. • Hinzunahme eines Kreisspielers. • Freie Paßwege, auch mit mehreren Bällen. **Grundspiele:** Anwendung der Angreiferprinzipien und Spielen in den Angriffsräumen in der Form 5 gegen 3 und 6 gegen 4.	Skizze zur Übungsreihe (Abb. 70):
4	**„Gruppenprellen" (Koordinationsprogramm mit Ball):** Es werden mehrere Gruppen gebildet (vier bis sechs Schüler), von denen jedes Mitglied eine Zahl erhält. • Die Gruppen prellen durch die Halle. Der Schüler, dessen Zahl gerufen wird, „flüchtet". Alle verfolgen ihn. • Durch Zahlenrufen werden neue Gruppen gebildet. • Zuruf bedeutet „Partnersuche", nächster Zuruf wieder Gruppenbildung. **Spielformen:** • Fangspiel „Ballabjagen". Wer den Ball verliert, läuft eine Runde um das Spielfeld und ist wieder dabei. • Fangspiel „Prellfangen". Ein (mehrere) Paar(e) ohne Ball fängt (fangen) die anderen (mit Ball). Wer abgeschlagen wird, löst einen Fänger ab.	**Übungsreihe „Spielen in den Angriffsräumen":** Aufstellung wie bei UE 3. Schnelle Paßstaffetten mit zwei bis drei Bällen, ggf. Positionen mehrfach besetzen. Einführung des Rückpasses zum Übernächsten auf Zuruf. Rückpaß jetzt auf optisches Zeichen. Einführung „Siebenerpaß": Der Ball wird in folgender Reihenfolge gespielt (vgl. Abb. 71): RM - RL - LA - RM - KM - RR - RA - RM. **Grundspiele:** Anwendung der Angreiferprinzipien und Spielen in den Angriffsräumen in der Form 5 gegen 3 und 6 gegen 4.	

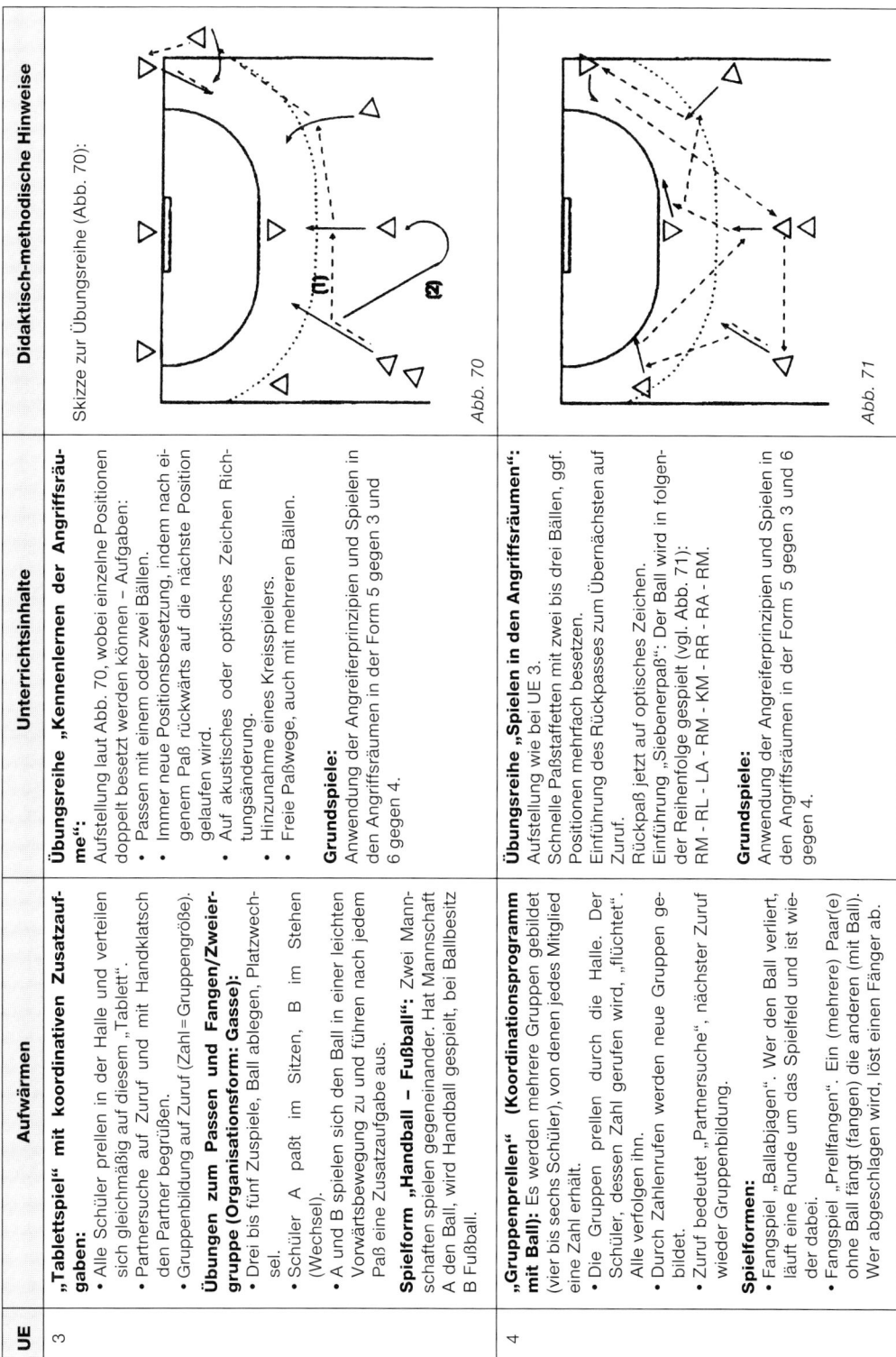

Abb. 70

Abb. 71

UE	Aufwärmen	Unterrichtsinhalte	Didaktisch – methodische Hinweise
5	**„Vierer-Aufwärmen" - Übungsreihe (Teil 1):** Es werden Vierergruppen mit je einem Ball gebildet. • Die Gruppen laufen kreuz und quer durch die Halle und prellen sich ihren Ball zu (kleine Abstände). • Der Ball wird jetzt zugerollt. • Der Ball wird als Schlagwurf zugepaßt. • Aufstellung im Viereck – Passen und Stoßen (Ausführung vgl. UE 1). **Spielform „Parteiball 4 gegen 4" als Reifenball:** Zwei Vierergruppen spielen jeweils gegeneinander. Sie können Punkte erzielen, indem sie einen Mitspieler so in der Luft anspielen, daß dieser bei der Landung in einem der drei bis fünf Reifen landet, die im Spielfeld beliebig verteilt werden.	**Einführung des „einfachen Kreuzens":** • Einfaches Kreuzen in der Dreiergruppe (Abb. 72). 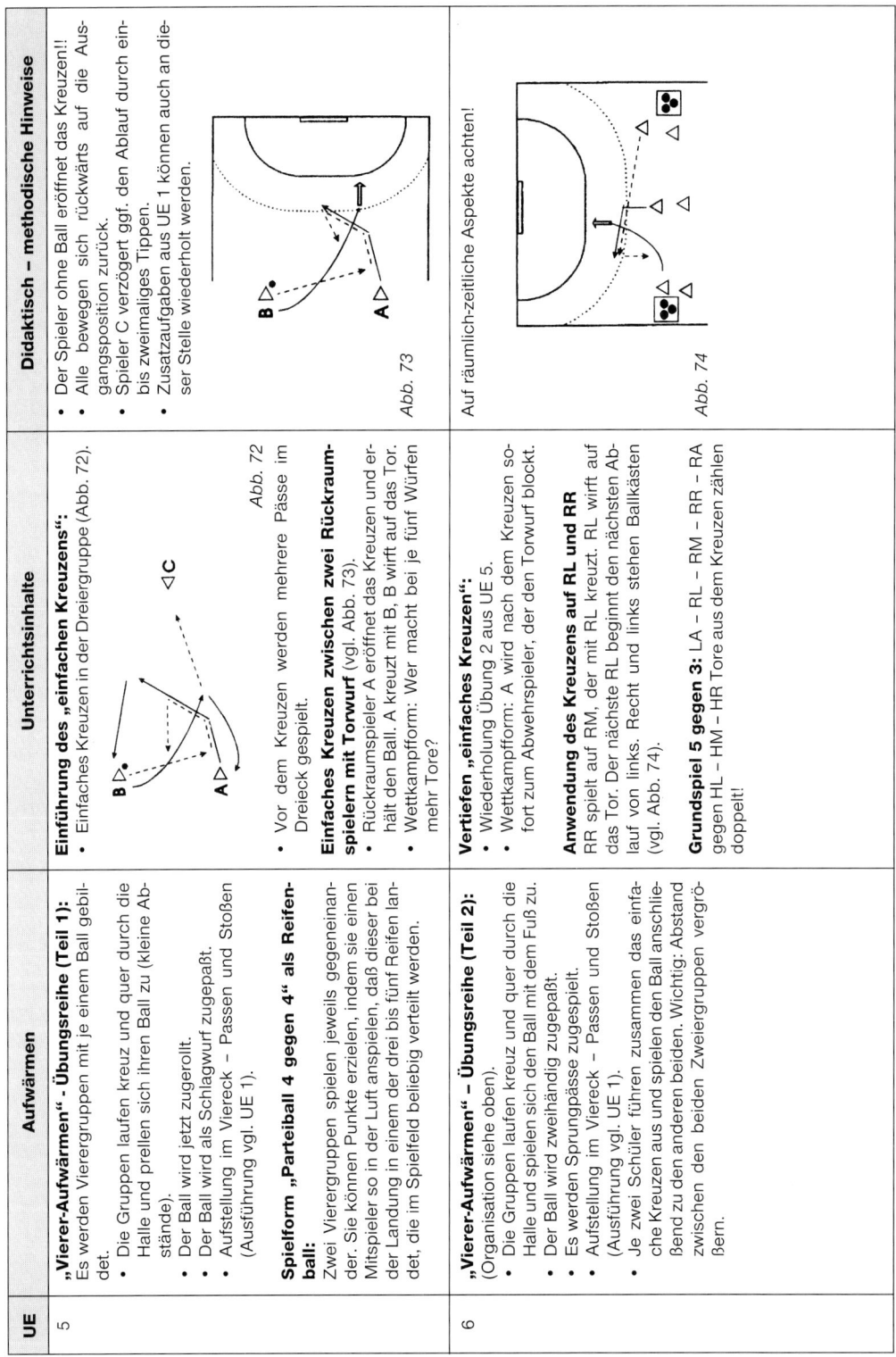 *Abb. 72* • Vor dem Kreuzen werden mehrere Pässe im Dreieck gespielt. **Einfaches Kreuzen zwischen zwei Rückraumspielern mit Torwurf** (vgl. Abb. 73). • Rückraumspieler A eröffnet das Kreuzen und erhält den Ball. A kreuzt mit B, B wirft auf das Tor. • Wettkampfform: Wer macht bei je fünf Würfen mehr Tore?	• Der Spieler ohne Ball eröffnet das Kreuzen!! • Alle bewegen sich rückwärts auf die Ausgangsposition zurück. • Spieler C verzögert ggf. den Ablauf durch ein- bis zweimaliges Tippen. • Zusatzaufgaben aus UE 1 können auch an dieser Stelle wiederholt werden. *Abb. 73*
6	**„Vierer-Aufwärmen" – Übungsreihe (Teil 2):** (Organisation siehe oben). • Die Gruppen laufen kreuz und quer durch die Halle und spielen sich den Ball mit dem Fuß zu. • Der Ball wird zweihändig zugepaßt. • Es werden Sprungpässe zugespielt. • Aufstellung im Viereck – Passen und Stoßen (Ausführung vgl. UE 1). • Je zwei Schüler führen zusammen das einfache Kreuzen aus und spielen den Ball anschließend zu den anderen beiden. Wichtig: Abstand zwischen den beiden Zweiergruppen vergrößern.	**Vertiefen „einfaches Kreuzen":** • Wiederholung Übung 2 aus UE 5. • Wettkampfform: A wird nach dem Kreuzen sofort zum Abwehrspieler, der den Torwurf blockt. **Anwendung des Kreuzens auf RL und RR** RR spielt auf RM, der mit RL kreuzt. RL wirft auf das Tor. Der nächste RL beginnt den nächsten Ablauf von links. Recht und links stehen Ballkästen (vgl. Abb. 74). **Grundspiel 5 gegen 3:** LA – RL – RM – RR – RA gegen HL – HM – HR Tore aus dem Kreuzen zählen doppelt!	Auf räumlich-zeitliche Aspekte achten! *Abb. 74*

UE	Aufwärmen	Unterrichtsinhalte	Didaktisch – methodische Hinweise
7	**Koordinationsprogramm mit Bällen:** Jeder Schüler braucht einen Ball. Alle laufen und prellen in einem vorgegebenen Feld: • Die Schüler begrüßen sich mit der freien Hand (Abklatschen). • Die Schüler begrüßen sich durch Abklatschen mit der Prellhand (=> Prellhand wechselt kurzfristig). • Die Schüler begrüßen sich mit beiden Händen (=> der Ball ist kurzfristig ohne Kontrolle). • Die Schüler begrüßen sich mit beiden Händen, aber im Sprung. • Die Schüler begrüßen sich mit beiden Händen und tauschen anschließend den Ball. **Spielform „Vier-Ecken-Ball" als „Königsball":** In den vier Spielfeldecken liegt je ein Reifen. In jedem Reifen steht ein Schüler, der als Anspielstation dient. Die ballbesitzende Mannschaft versucht, den Ball so lang wie möglich in den eigenen Reihen zu halten, wobei die vier „Könige" helfen.	**Einführung „Parallelstoß mit Rückpaß":** Einfaches Passen in der Dreiergruppe (vgl. Abb. 75): • A spielt in die Mitte zu B, B führt eine Stoßbewegung aus und spielt zurück. A prellt rückwärts auf die Ausgangsposition. C beginnt von rechts. • Es wird ein Paß von C auf A vorgeschaltet, so daß A die Übung dynamischer ausführen kann. • A spielt nach dem Doppelpaß mit B direkt auf C. **Torwürfe von RL und RR nach Rückpaß von RM** • LA spielt zu RL, der zu RM, RM spielt den Rückpaß zu RL, RL wirft auf das Tor. Die Übung beginnt dann von rechts (vgl. Abb. 76). • Auftaktpaß RL – LA, so daß RM den Paß aus einer Stoßbewegung von LA erhält. • Hinzunahme der Abwehrspieler HR und HL, die beim Torwurf von RL und RR umlaufen werden müssen. • Wettkampfform: RL gegen RR.	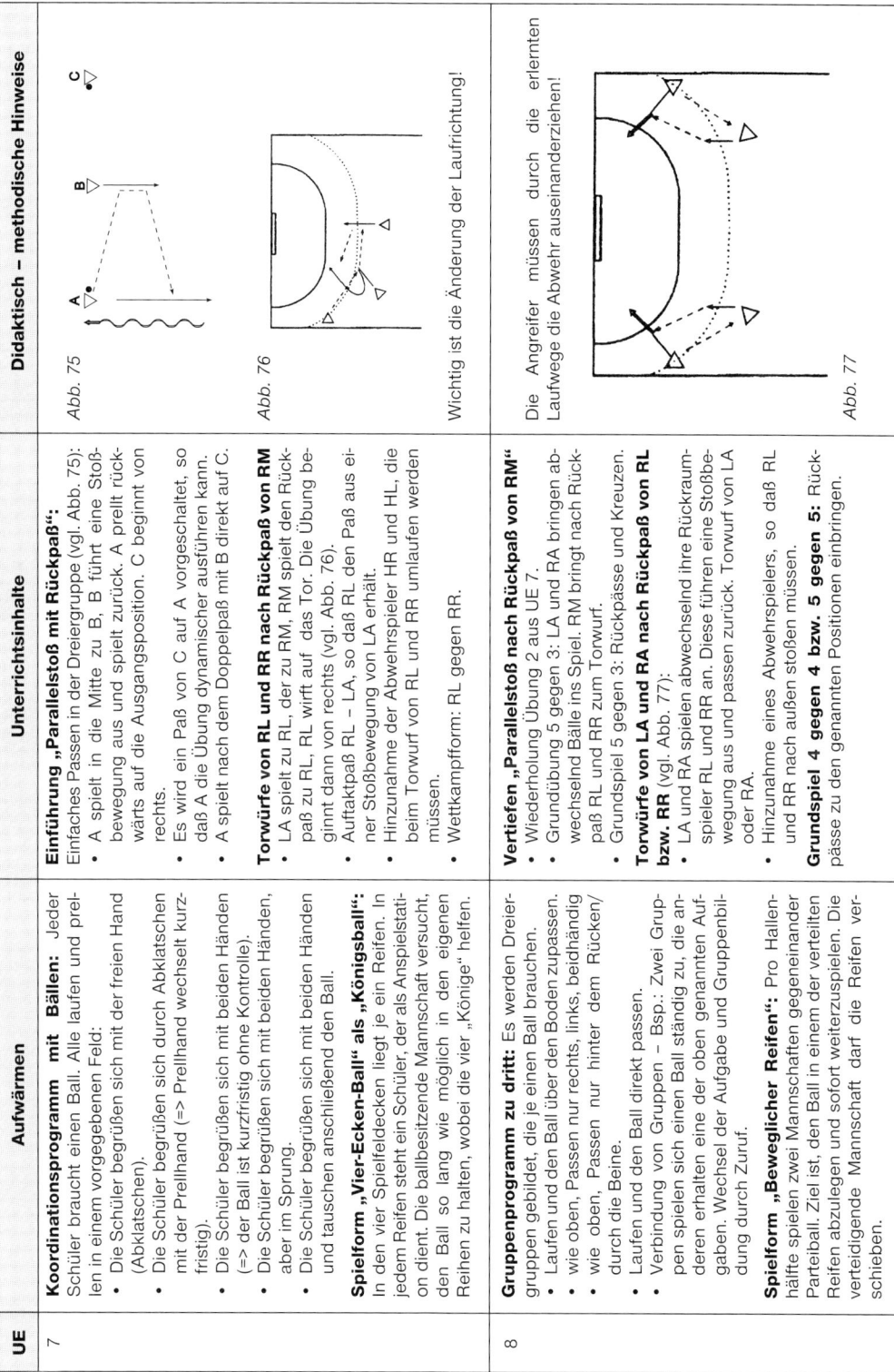

Abb. 75

Abb. 76

Wichtig ist die Änderung der Laufrichtung! |
| 8 | **Gruppenprogramm zu dritt:** Es werden Dreiergruppen gebildet, die je einen Ball brauchen.
• Laufen und den Ball über den Boden zupassen.
• wie oben, Passen nur rechts, links, beidhändig
• wie oben, Passen nur hinter dem Rücken/ durch die Beine.
• Laufen und den Ball direkt passen.
• Verbindung von Gruppen – Bsp.: Zwei Gruppen spielen sich einen Ball ständig zu, die anderen erhalten eine der oben genannten Aufgaben. Wechsel der Aufgabe und Gruppenbildung durch Zuruf.

Spielform „Beweglicher Reifen": Pro Hallenhälfte spielen zwei Mannschaften gegeneinander Parteiball. Ziel ist, den Ball in einem der verteilten Reifen abzulegen und sofort weiterzuspielen. Die verteidigende Mannschaft darf die Reifen verschieben. | **Vertiefen „Parallelstoß nach Rückpaß von RM"**
• Wiederholung Übung 2 aus UE 7.
• Grundübung 5 gegen 3: LA und RA bringen abwechselnd Bälle ins Spiel. RM bringt nach Rückpaß RL und RR zum Torwurf.
• Grundspiel 5 gegen 3: Rückpässe und Kreuzen.

Torwürfe von LA und RA nach Rückpaß von RL bzw. RR (vgl. Abb. 77):
• LA und RA spielen abwechselnd ihre Rückraumspieler RL und RR an. Diese führen eine Stoßbewegung aus und passen zurück. Torwurf von LA oder RA.
• Hinzunahme eines Abwehrspielers, so daß RL und RR nach außen stoßen müssen.

Grundspiel 4 gegen 4 bzw. 5 gegen 5: Rückpässe zu den genannten Positionen einbringen. | Die Angreifer müssen durch die erlernten Laufwege die Abwehr auseinanderziehen!

Abb. 77 |

15 „Transition" – Spiel- und Übungsformen zum Gegenstoß

1 Vorbemerkungen: Der Gegenstoß als Angriffsmittel

Orientiert man sich als Einstieg in die Thematik „Gegenstoß" am Wettkampfhandball, kann ohne Wenn und Aber behauptet werden, daß der Gegenstoß das erfolgreichste Angriffsmittel im modernen Handball ist. Spielbeobachtungen auf allen Leistungsebenen belegen diese Behauptung, wobei für die Zukunft eher noch eine Steigerung zu erwarten ist. Wenn sich nun ein Angriffsmittel zunächst dadurch auszeichnet, daß es bis zu 100% effektiver ist als alle anderen Angriffsmittel des herkömmlichen Positionsangriffs, dann stellt sich die Frage, ob, und wenn ja, auf welche Art und Weise Gegenstöße auch als Inhalt des schulischen Handballs aufzunehmen sind. Trotz offensichtlich klarer Strukturen wurden in der Vergangenheit gerade in diesem Bereich viele Fehler gemacht. So hat etwa allein die traditionelle Einteilung in vier oder fünf Angriffsphasen jahrelang dazu geführt, Gegenstoß und erweiterten Gegenstoß isoliert zu schulen. Als Folge wurden entweder Langpässe des Torwarts auf einen oder zwei Feldspieler geübt, oder aber Transportpässe für den erweiterten Gegenstoß trainiert. Beide Elemente sind unseres Erachtens für die Schule so nicht geeignet. Überdies geben Spielziel und Spielstruktur keinerlei Anhaltspunkte hierfür (vgl. Späte 1984; König 1991).

Dies bedeutet, daß eine Mannschaft entweder aus einem Schnellangriff in irgendeiner Form gegen eine mehr oder weniger zurücklaufende oder gegen eine zwar formierte, aber ungeordnete Abwehr Tore erzielen kann, oder aber aus dem Positionsangriff heraus eine geordnete und formierte Abwehrformation ausspielt und auf diese Weise zum Torerfolg kommt. Aus diesem Grund spricht man dann nur noch vom Gegenstoß und verzichtet damit auf eine Trennung in erste und zweite Welle bzw. in Gegenstoß und erweiterten Gegenstoß.

Diese Integration von Gegenstoß und erweitertem Gegenstoß kann dann auf der Ebene der Aktionen weiter fortgesetzt werden. Um das Ziel „Torerfolg aus einem Gegenstoß" realisieren zu können, sind die folgenden Aktionen notwendig (vgl. Späte 1984; Zelewski 1994):

Tabelle 16: Phasen und Aktionen des Gegenstoßes (vgl. Späte 1984, 18)

Gegenstoßphasen	Mögliche Aktionen
Ballgewinn	Torwart hält oder sichert sich den Ball Abwehrspieler erkämpft Ball
Eröffnung	Kurzpaß auf 2. Welle Langpaß auf 1. Welle
Ballvortrag	Dribbling durch Gegenstoßspieler Zusammenspiel
Abschluß	Durchbruch eines Einzelspielers Ausspielen der Überzahl

Inwiefern tragen diese eher taktisch-theoretischen Überlegungen zu einer Schulung der Spielfähigkeit im allgemeinen und in der Oberstufe des Gymnasiums im speziellen bei? Folgende Konsequenzen lassen sich festhalten:

• Gegenstoß in der Schule sollte sich auf das schnelle Umschalten von Abwehr auf Angriff konzentrieren. Es stellt einen Übergang („Transition") dar.

• Eine künstliche und spielfeindliche Trennung in erste und zweite Welle sollte unter allen Umständen vermieden werden. Gegenstoßtraining in der Schule sollte ganzheitlich verlaufen.

• Gegenstoßtraining in der Schule sollte temporeich und spielerisch erfolgen. Komplexe taktische Konzepte, wie sie sehr häufig in der Fachliteratur zu finden sind, gilt es zu vermeiden. Elemente des Grundlagentrainings sind zu bevorzugen.

2 Methodische Überlegungen: Gegenstoß und Gegenstoßschulung

Der Gegenstoß zählt zu den attraktivsten und effektivsten taktischen Angriffsmitteln des modernen Handballspiels (SPÄTE 1984). Er ist zudem in einer entsprechenden Form auf jeder Könnensstufe einsetzbar, wobei je nach Zielgruppe unterschiedliche Schwerpunkte zu setzen sind. Für die Schule bietet sich eine Strategie an, die sich unter Berücksichtigung der im letzten Abschnitt erarbeiteten Richtlinien zum Gegenstoßtraining an der Rahmentrainingskonzeption des DEUTSCHEN HANDBALLBUNDES (1994) orientiert. Zusammengefaßt kann sie mit der Leitlinie „Erarbeiten einer Gegenstoßdisposition" oder „Förderung der Risikobereitschaft zum schnellen Umschalten von Abwehr auf Angriff" beschrieben werden. Da taktische Vorgaben im Bereich des Grundlagentrainings nichts zu suchen haben,

geht es im Prinzip auch bei der Schulung des Gegenstoßes um eine spezifische Spielfähigkeit ohne taktische Zwänge. Anforderungsprofile der in Tab. 16 dargestellten Phasen des Gegenstoßes legen ein vierstufiges Vermittlungskonzept nahe, das dem generellen Vorgehen der Rahmentrainingskonzeption entspricht:

1. Spielformen: Grundsätzlich werden unter dieser Rubrik Spiele geführt, die ganz allgemein balltechnische Fertigkeiten und handballspezifische Fähigkeiten schulen (vgl. ZELEWSKI 1994, 50). Unter der Zielsetzung „Erarbeiten des Gegenstoßes" sollten diese Spielformen allerdings ganz spezifische Ziele und Inhalte aus den vier Gegenstoßphasen enthalten. Im übrigen findet diese Art von Spielformen ihre Anwendung in der Erwärmungsphase, aber auch zum Abschluß einer Unterrichtsstunde, um schon erlernte Verhaltensweisen zu festigen (ZELEWSKI 1994, 51).

2. Grundübungen: Grundübungen dienen zur Vorbereitung der Grundspiele. Mit ihnen werden die einzelnen Bausteine des Gegenstoßes (Ballsicherung, Paßtechnik, Abschluß, etc.) erlernt und geübt. Auswahl und Schwerpunkte dieser Übungen orientieren sich ebenso an der funktionalen Phasengliederung des Gegenstoßes. Ihr Platz findet sich auch im Erwärmungsteil, genauso aber im Hauptteil einer Stunde, aber immer vor den Grundspielen (vgl. ZELEWSKI 1994, 52). Grundübungen zum Gegenstoß sind ebenfalls dazu geeignet, elementare Fertigkeiten wie Passen, Fangen oder Täuschen in gruppentaktischen Angriffsmitteln zu festigen.

3. Grundspiele: Im Sinne der Rahmentrainingskonzeption beinhalten Grundspiele das Spielen in Grundsituationen (vgl. EHRET/SPÄTE 1995). Zielsetzung dieser Spielformen ist beim vorliegenden Thema die Entwicklung einer gegenstoßspezifischen Spielfähigkeit. Aus Gründen der Vereinfachung wird zunächst in Überzahlsituation, dann in Gleichzahl gespielt. Grundspiele für den Gegenstoß können auch so konzipiert werden, daß eine Hallenhälfte für ihre Umsetzung reicht. Um die Grundspiele zur Erarbeitung einer Spielfähigkeit „Gegenstoß" deutlich von den Grundspielen zum Positionsangriff abzugrenzen, werden wir im folgenden in Anlehnung an das Basketballspiel auch den Begriff „Transition-Games" verwenden. Mit dieser Wortwahl kommt wesentlich deutlicher zum Ausdruck, daß es sich um Spiele handelt, die das „Umschalten von Verteidigung auf Angriff" (LANDES-SPORTBUND NORDRHEIN-WESTFALEN 1995, 144) zur Zielsetzung haben.

4. Zielspiel: Das Zielspiel ist im Handball das Spiel unter Wettkampfbedingungen, wobei dies nicht unbedingt das Spiel 6 gegen 6 sein muß. Im Zielspiel sollen Gegenstöße in der komplexen Spielrealität angewendet werden. Es geht also darum, die in Grundübungen erlernte und in Grundspielen umgesetzte Spielfähigkeit „Gegenstoß" anzuwenden und dadurch das Sportspiel Handball in der Oberstufe attraktiver, temporeicher und kreativer zu machen.

Anzumerken ist, daß die obige Reihenfolge nicht für eine Unterrichtssequenz von mehreren Stunden gilt, sondern vielmehr als Gliederung einzelner Unterrichtsstunden zu betrachten ist. Konkret bedeutet dies, daß jede einzelne Unterrichtsstunde sich aus diesen vier Bausteinen zusammensetzen sollte, wobei die unspezifischen Spielformen (siehe 1.) Bestandteil des Aufwärmens sein müssen. Hierzu werden für die einzelnen Stunden auch Vorschläge gemacht. Die Thematisierung von Spielen im Sportunterricht erfordert, daß zum Schluß von solchen Stunden auch gespielt wird. Es wird deshalb davon ausgegangen, daß jede der ausgearbeiteten Stunden auch eine Spielphase 7 gegen 7 enthält. Auf sie

wird in den Stundenblättern aber nicht mehr hingewiesen.

Wird ein solches Vorgehen gewährleistet, dann kann auch bei der Schulung des Gegenstoßes das Prinzip einer spielgemäßen Vermittlung (vgl. Kapitel I) aufrechterhalten werden, wohingegen eine Zergliederung des Gegenstoßes spieluntypische Übungen nach sich ziehen würde. Eine spielgemäße Vermittlung des Gegenstoßes schließt ein weiteres, wichtiges Strukturmerkmal mit ein: Es kommt nur dann zu einem Gegenstoß, wenn eine Abwehr erfolgreich arbeitet und in der Lage ist, Bälle zu erobern. Hierzu ist ein entsprechendes Zweikampfverhalten Voraussetzung. In der Praxis ist dieses Zweikampfverhalten sowohl durch entsprechende Abwehrübungen, als auch durch Zweikampfübungen mit Ball zu schulen. „Balleroberung" muß deshalb die Leitidee für das Zweikampfverhalten innerhalb der angestrebten Gegenstoßdisposition sein. Es ist deshalb angebracht, entsprechende Spiele und Übungen in jeder Stunde, beispielsweise auch unter koordinativen Anforderungen im Aufwärmprogramm, einzubauen (vgl. Kapitel 11).

Eine Schulung des Gegenstoßes hat somit Abwehraufgaben zu berücksichtigen, so daß Übungs- und Spielformen zum Gegenstoß so gestaltet werden müssen, daß sie in der Mehrzahl aus abwehrspezifischen oder abwehrähnlichen Aktionen heraus beginnen. Für den Handballunterricht in der Schule hat dies einen weiteren Vorteil: Aufgrund der Tatsache, daß Unterrichtszeit immer knapp bemessen ist, sind Lehrer im Kursbetrieb der Oberstufe häufig thematisch eingeschränkt. Eine Verbindung von zwei Themen – Abwehr und Gegenstoß – spart dann einerseits Unterrichtszeit, andererseits entspricht sie in diesem Fall exakt den strukturellen Merkmalen des zu unterrichtenden Spiels.

Neben entsprechenden methodischen Maßnahmen hat die Entwicklung eines einfachen Gegenstoßkonzepts ein weiteres Prinzip zu berücksichtigen: Eine spielnahe Gegenstoßvermittlung muß immer so organisiert sein, daß von den Spielenden Entscheidungen bezüglich alternativer Handlungsmöglichkeiten zu treffen sind. Konkret bedeutet dies, daß z. B. Torhüter lernen müssen, zwischen kurzen und langen Pässen auszuwählen oder Angreifer in die Lage versetzt werden müssen, situationsangemessen Täuschungen und Wurftechniken einzusetzen.

3 Stoffverteilungsplan

Geht man bei der Planung einer Unterrichtseinheit Handball unter der Zielsetzung „Erarbeiten und Verbessern des Gegenstoßspiels" von den in Kapitel 3 beschriebenen Lehrplänen und den in diesem Zusammenhang gemachten Modifikationen aus, dann sind folgende zeitliche Rahmenbedingungen realistisch:

- *Leistungskurs (fünf Wochenstunden):* Aufgrund der Vorgaben des Lehrplans (vgl. MKS 1994b, 784) können Lehrer davon ausgehen, daß sie mit einer Unterrichtsreihe Handball entweder vier Wochen à vier Stunden oder aber acht bis zehn Wochen à zwei Stunden benötigen, wobei im zweiten Fall eine weitere Sportart parallel unterrichtet werden kann.

- *Grundkurs (zwei Wochenstunden):* Ist Handball gewählte Sportart in einem Grundkurs, kann der Lehrer in einem Schuljahr mit ungefähr acht Wochen, 16 Stunden, zwei für diese Sportart einplanen, wobei wieder davon ausgegangen wird, daß nach dem Prinzip des Epochenunterrichts vorgegangen wird (vgl. Kapitel 2). Es liegt dann im Ermessen der Kollegen, ob dieses Thema in 12 oder in 13 unterrichtet wird. Die Thematik „Gegenstoß" ist bei zweimaligem Anbieten der Sportart Handball auch für einen Grundkurs äußerst sinnvoll, zumal sie, geht man nach unserem Schema vor, einen relativ neuen Bereich des Handballspiels beinhaltet.

Wir gehen in unserem Vorschlag davon aus, daß im Rahmen des Handballunterrichts der Gegenstoß einmal mit 14–16 Stunden angeboten wird. Wer mehr Zeit für den Gegenstoß verwenden möchte, kann selbstverständlich im Rahmen des Wahlbereichs (vgl. Kapitel 16) wesentlich gründlicher unterrichten oder weitere Aspekte des Gegenstoßes thematisieren (Gegenstoß aus einer spezifischen Abwehrformation, spezielle Aufgabenverteilung im Gegenstoß, Wurfvarianten im Gegenstoß etc.). Hierfür sei auf die entsprechende Fachliteratur verwiesen (vgl. Literaturverzeichnis).

Tabelle 17: Stoffverteilungsplan Klasse 12/13 – Thema „Gegenstoß"

UE	Unterrichtsinhalte	Bemerkungen
1 und 2	Entwickeln einer „Gegenstoßdisposition" Wurfserien aus Gegenstoßläufen 1 gegen 0 und 1 gegen 1	Würfe aus verschiedenen Zonen
3 und 4	Individuelle Abwehrschulung mit Partnerhilfe und Gegenstoßentwicklung	Torraumsicherung
5	Kleingruppenarbeit in der Abwehr und Gegenstoß 2 gegen 0 und 2 gegen 1 nach Spiel gegen 1 oder Ballblock	Lauf- und Paßwege erarbeiten
6	Kleingruppenarbeit in der Abwehr und Gegenstoß 2 gegen 1 bzw. 3 gegen 1 und 3 gegen 2	Lauf- und Paßwege erarbeiten
7	Kleingruppenarbeit in der Abwehr und Gegenstoß 3 gegen 2, 4 gegen 2 und 4 gegen 2 plus 1, auch als Spielform	Entscheidungssituationen einbauen
8	Spiel- und Übungsformen zum Gegenstoß 4 gegen 3 und in Gleichzahl 4 gegen 4	Festigen des Aufgabenkonzeptes in Spiel- und Übungsformen
9 und 10	Spiel- und Übungsformen zum Gegenstoß in Gleichzahl, vom Spiel 4 gegen 4 zum 6 gegen 6.	Spiel 6 gegen 6 mit Sonderregeln

4 Unterrichtsinhalte

UE	Aufwärmen	Unterrichtsinhalte „Gegenstoß"	Didaktisch – methodische Hinweise
1	**Übungsreihe „Partnerprellen":** • Grundform: A prellt durch die Halle. B läuft, auch bei Handwechsel von A, immer neben dem Ball. • Wie Grundform, Spieler A wechselt alle 5 m die Laufrichtung. • Wie Grundform, B steppt in Abwehrhaltung neben dem Ball. • Wie Grundform, A baut Tempowechsel ein. B muß jetzt zwischen Steppbewegung und Sprint wechseln. Anmerkung: Rollentausch auf Zeichen des Lehrers oder aber in Eigenverantwortung der Gruppen. **Spielform „Handball-Kopfball":** Zwei Mannschaften spielen nach Handball-Regeln gegeneinander. Punkte können nur durch Kopfball erzielt werden. Als Trefferfläche zählt die ganze Wand bis zu einer Höhe von 2 m. Eigenvorlagen sind nicht erlaubt.	**Grundübung 1:** A prellt in Richtung B und spielt ihm aus dem Lauf den Ball zu. Anschließend umläuft er B und erhält einen Gegenstoßpaß (vgl. Abb. 78). B △ ⌒⌒ △ A *Abb. 78* **Grundübung 2:** A und B spielen schnelle Doppelpässe. Wer den Ball auf den Boden legt, läuft sofort Gegenstoß. Der andere holt den Ball und paßt. **Grundübung 3:** • Wie Übung 2, allerdings mit abschließendem Torwurf. • Wie a, allerdings wird der Passer zum Verfolger.	Bei A auf Bogenlauf achten! Bei B auf Paßtechnik (Schlagwurf aus der Bewegung)! Passer (B) nach einiger Zeit wechseln. Beide können den Ball ablegen. Auf Bogenlauf (s. o.) achten! Spielfeld in drei oder vier Längsstreifen einteilen; pro Streifen zwei oder drei Gruppen einsetzen. Verfolger setzt Gegenstoßläufer unter Zeitdruck => Tempo.
2	**Übungsreihe „Schattenlaufen" (Variante 2):** Spieler A prellt durch die Halle, B folgt ihm als sein Schatten ohne Ball und führt die gleichen Bewegungen wie A aus (Abstand maximal 2 m). Varianten: • A hält den Ball seitlich hinaus, B beschleunigt, ergreift Ball und übernimmt die Führung. • Wie oben, Ball wird seitlich weggeprellt. • Wie oben, B startet, läuft bogenförmig an A vorbei und erhält einen Paß in den Lauf. **Spielform „Berührungsball (Handball-Rugby)":** Zwei Mannschaften spielen gegeneinander. Mit dem Ball darf gelaufen werden, bis ein Spieler vom Gegner berührt wird. Dieser muß dann passen. Erlaubt sind aber nur Pässe nach hinten. Ziel: Ball hinter der Grundlinie ablegen.	**Grundübung 1:** Ausführung wie Grundübung 1 (UE 1), aber in der Dreiergruppe. A spielt nach Gegenstoß der von B direkt weiter auf C, der denselben Ablauf wiederholt (Paß auf B, Gegenstoßlauf, Paß auf A). **Grundübung 2:** A und B spielen schnelle Doppelpässe. Wenn der Ball abgelegt wird, erläuft ihn C und spielt einen Paß auf den Gegenstoßläufer (vgl. Abb. 79). A △●┈┈△ C ... △ B *Abb. 79*	Varianten: • Sprungpässe einbauen • Lauftäuschungen einbauen • Laufrichtung ändern Die Gruppe steht quer zur Laufrichtung. Es läuft immer der Schüler, der den letzten Paß gespielt hat. Der Spieler, der den Ball abgelegt hat (A oder B), wird zum Verteidiger. Mögliche Verhaltensweisen des Verteidigers: Erschweren des Passes auf Läufer durch Mitlaufen. Erschweren des Passes durch Schließen des Paßweges (Abstand zum Passer!). Erschweren des Passes durch kontrollierten Zweikampf: Passer muß sich freilaufen.

UE	Aufwärmen	Unterrichtsinhalte „Gegenstoß"	Didaktisch – methodische Hinweise
3	**Übungsreihe „Partner suchen":** Es werden Zweiergruppen gebildet, die je einen Ball haben. A prellt in einer Hallenhälfte, B bewegt sich in der anderen. • Grundform: Auf Pfiff prellt A zu seinem Partner, prellt ihm den Ball zu und läuft in seine Hälfte zurück. • Wie Grundform, A paßt zu seinem Partner in der anderen Hallenhälfte. • Wie Grundform, die Zweiergruppen bewegen sich mit dem Rücken zur Mittellinie. Bei Pfiff Drehung, Orientierung und Paß zum Partner. • Die Zweiergruppen laufen jetzt frei durch die Halle, A prellt. A rollt den Ball weg, B erläuft ihn, orientiert sich und spielt zu A zurück. **Spielform „Rebounderball":** Zwei Mannschaften spielen gegeneinander. Punkte können nur erzielt werden, indem der Ball an das Basketballbrett geworfen wird und von dort den Boden berührt. Variante: Ein Partner oder der Werfer muß den zurückprallenden Ball fangen.	**Grundübung 1:** A und B spielen Doppelpässe und führen gleichzeitig Abwehrbewegungen (Steppen) aus. Varianten: • A oder B rollen, prellen, werfen den Ball abwechselnd weg, der andere ersprintet ihn und paßt zurück. • Nach drei bis sechs Pässen spielen A und B 1 gegen 1. Der Abwehrspieler (B) läuft zum Gegenstoß, nachdem A eine vorgegebene Linie überquert hat. A paßt. • Spiel 1 gegen 1 nach einem Doppelpaß. Gegenstoß von B nach Rückwärtsprellen von A. A wird dann zum Passer. **Grundübung 2:** A und B prellen 1 gegen 1, C sichert hinter B. Wenn A den Ball ablegt, startet B zum Gegenstoß, C holt den Ball und spielt einen Gegenstoßpaß. Variante: A bekämpft die Entwicklung des Gegenstoßes als Verteidiger (vgl. UE 2, Grundübung 2).	Abstand zwischen A und B muß gleichb eiben (zwei Meter). Ein Spieler gibt die Richtung der Steppbewegungen vor. Paß zunächst nur wenige Meter, dann Distanzverlängerung. Vorgabe für Variante 2 und 3: B darf als Abwehrspieler A zunächst nicht berühren, sollte aber auf Richtungsänderungen von A reagieren! Gegenstoß zunächst über kurze Distarz und ohne Ziel. Lauf- und Paßdistanz verlängern. Torwurf einbauen, Spielfeld in Streifen teilen.

UE	Aufwärmen	Unterrichtsinhalte „Gegenstoß"	Didaktisch – methodische Hinweise
4	**Übungsreihe „Befreiungsprellen":** Alle Schüler prellen in einem festgelegten Feld. Drei bis fünf sind Fänger (ohne Ball/mit Ball). Wer gefangen wird, bleibt stehen und zeigt dies durch Hochhalten des Balles an: Befreien durch • Freischlagen eines Mitspielers. • Mitspieler, der dem Gefangenen durch die Beine prellt. • Balltausch. • Mitspieler, der dem Gefangenen durch die Beine kriecht. **Spielform „Ablegeball mit Bestätigung":** In jeder Spielfeldhälfte spielen je zwei Mannschaften zwischen der Toraus- und der Neun-Meter-Linie Parteiball gegeneinander. Gelingen der ballbesitzenden Mannschaft acht Pässe ohne Ballverlust, läuft sie sofort zum Gegenstoß und versucht, den Ball auf der Mittellinie abzulegen. Die abwehrende Mannschaft versucht, dies zu verhindern.	**Grundübung 1:** Es werden Zweiergruppen gebildet, wobei jeder Schüler einen Ball hat (vgl. Abb. 80). 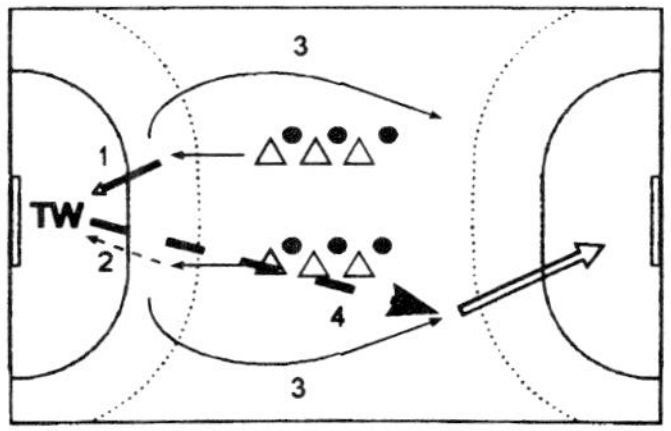 Abb. 80 **Grundübung 2** (vgl. Abb. 81): **Variante:** Angreifer A prellt zuerst entlang der 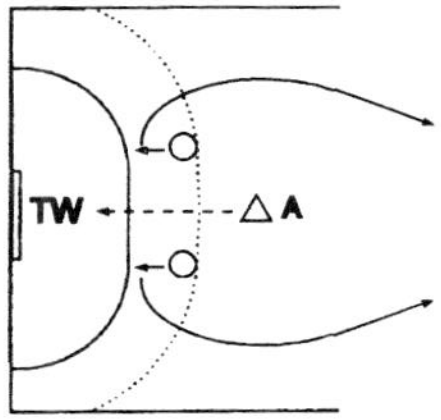 Abb. 81 Neun-Meter-Linie. Die Abwehrspieler steppen auf Ballhöhe mit.	Die beiden Spieler einer Gruppe laufen gleichzeitig an, einer wirft aufs Tor (1), der andere rollt seinen Ball zum Torwart (2). Beide starten bogenförmig zum Gegenstoß (3). Der TW spielt einen von beiden an (4). Abschluß durch Torwurf auf der anderen Seite. Angreifer A rollt den Ball zunächst auf das Tor. Beide Verteidiger sichern sofort den Torraum (Blick zum Torwart !), dann starten sie bogenförmig zum Gegenstoß. Alternative Auftakthandlungen für A: Paß zum TW oder Torwurf. A führt mehrere Richtungswechsel aus.

UE	Aufwärmen	Unterrichtsinhalte „Gegenstoß"	Didaktisch – methodische Hinweise
5	**Übungsreihe „Passen und Fangen":** Die Schüler bilden Zweiergruppen mit je einem Ball. • Grundform: Freies Laufen und Passen in der Gruppe. • wie Grundform, Trickpässe spielen (durch die Beine, hinter dem Rücken, etc.). • Trennung des Spielfelds in zwei Längsstreifen. Die Zweiergruppen transportieren den Ball mit Passer übers Spielfeld. Am Spielfeldrand zurückgehen. • wie vorherige Übung, aber mit einem Spieler, der im Bereich der Mittellinie die Paßwege stört. **Spielform „Parteiball mit neutralen Zuspielern":** Es wird in einem vorgegebenen Feld (Rechteck) nach Handballregeln gespielt. Ziel ist, den Ball möglichst lange in der eigenen Mannschaft zu halten. Als Hilfe werden zwei bis vier Spieler an den Seitenlinien postiert. Diese können von beiden Mannschaften angespielt werden.	**Grundübung 1:** Gegenstoß mit Abschluß 2 gegen 0 und 2 gegen 1. A und B spielen mehrere Pässe hintereinander (1). C und D treten gegen ihren jeweiligen Gegenspieler heraus (2) und ordnen sich nach dem Abspiel schräg nach hinten ein (3). Vgl. Abb. 82. 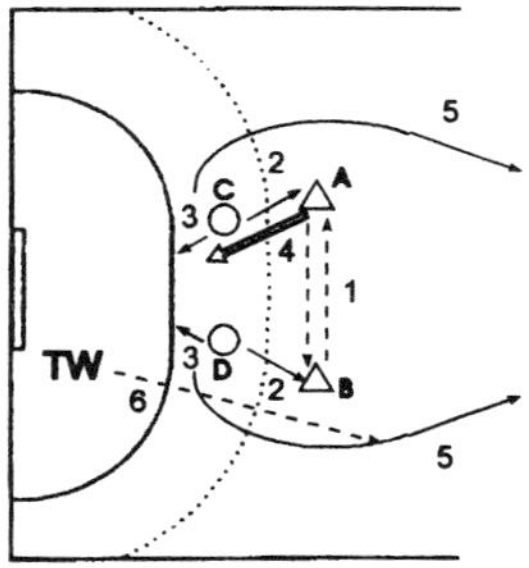 *Abb. 82* **Grundübung 2:** wie 1, aber nach Ballblock in der Zweiergruppe.	A oder B werfen nach zwei bis vier Pässen aufs Tor (4), C und D laufen dann sofort einen Gegenstoß (5) und erhalten vom TW den Ball (6). Um paralleles Üben zu ermöglichen, sollte das Spielfeld in zwei Streifen geteilt werden. Beim Lösen aus der Abwehr bogenförmige Laufwege beachten! Bei 2 gegen 1: Der letzte Paßgeber (A/B) läuft als Verteidiger zurück. C und D laufen einen Gegenstoß. Derjenige, der den Ball erhält, entscheidet situationsangemessen, ob er paßt oder prellt. • Bei Ballblock auf Hand- und Armhaltung achten! 

UE	Aufwärmen	Unterrichtsinhalte „Gegenstoß"	Didaktisch – methodische Hinweise
6	**Übungsreihe „Langbank-Prellen":** Vier bis sechs Bänke sind kreuz und quer in einem Feld verteilt. Die Schüler prellen zunächst um die Bänke. Varianten: • Auf der Bank prellen und neben der Bank laufen oder umgekehrt. • Wie a), die Hälfte der Bänke jedoch mit der schmalen Seite nach oben. • Den Ball quer über die Bank prellen, die Bank umlaufen und den Ball wieder aufnehmen. • Die Schüler tauschen ihre Bälle durch Zupassen über eine Bank. **Spielform „Bankball":** Im Torraum wird auf beiden Seiten eine Langbank postiert, auf der ein neutraler Spieler steht. Die angreifende Mannschaft kann durch Paß zum Bankspieler einen Punkt erzielen. Der Ball muß aber gefangen werden, ohne die Bank zu verlassen. Der Bankspieler kann wiederum für die dann im Angriff spielende Mannschaft sofort einen Gegenstoß einleiten. Die Bank kann durch eine Linie oder ähnliches geschützt werden.	**Grundübung 1:** Übung 2 gegen 1, vgl. UE 5, Grundübung 1 mit einer Betonung des Zweikampfverhaltens im Spiel 1 gegen 1 bei offensiver Abwehr. **Grundübung Gegenstoß 3 gegen 1 und 3 gegen 2** (vgl. Abb. 83): 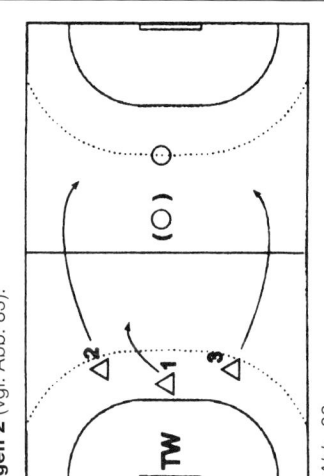 *Abb. 83* **Grundspiel 3 gegen 2 im Wechsel von drei Mannschaften:** Team A und B spielen 3 gegen 2. Nach Abschluß bringt der dritte Spieler von B einen Ball ins Spiel (Ballkiste) und B und C spielen 3 gegen 2. Dann C und A 3 gegen 2 usw.	Wichtig: Die Abwehrspieler sollten vor dem Gegenstoß typische Laufwege und Aufgaben von Verteidigern ausführen, z. B. 1 gegen 1, Sprünge etc. Aufgaben im Gegenstoßkonzept festlegen. Spielmacher ist 1 und die beiden Gegenstoßspitzen sind 2 und 3. Varianten: • Zunächst nur einen Verteidiger in die gegnerische Hälfte stellen. • Ein zweiter Verteidiger kommt aus der Angreifergruppe hinzu und stört früh. • Es kommt ein dritter Verteidiger in die zweite Hälfte (Spiel 3 gegen 2). Zwei Ballkisten an der Seitenlinie aufstellen (Höhe Freiwurflinie).

UE	Aufwärmen	Unterrichtsinhalte „Gegenstoß"	Didaktisch – methodische Hinweise
7	**Übungsreihe „Passen im Viereck":** Es werden ein bis drei Vierecke gebildet, wobei die Ecken mehrfach besetzt werden (vgl. Abb. 84): 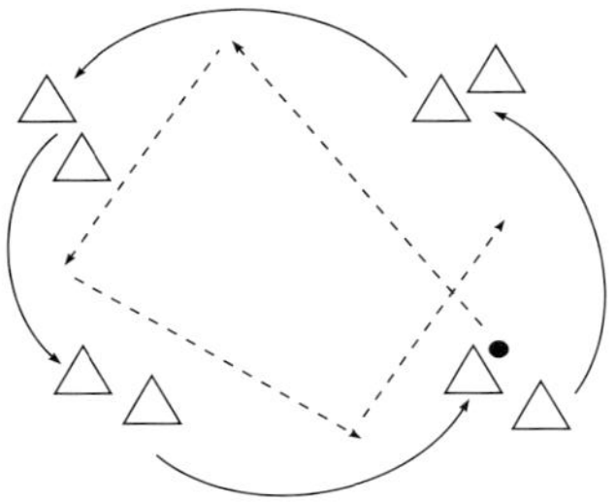 *Abb. 84* **Varianten:** Bogenlauf beachten! • Sprungpässe fordern. • Spieler farbig markieren und pro Farbe eine Paßart festlegen (z.B. auch Bodenpässe). • Wettkampfform: Welche Gruppe erreicht die höchste Paßzahl? **Spielform „Ablegeball":** Zwei Mannschaften spielen gegeneinander. Der Ball muß hinter einer Linie oder in verteilten Reifen abgelegt werden.	**Grundspiel 3 gegen 2:** Gegenstoßspiel im Wechsel von zwei Mannschaften. Variante: Eine Mannschaft läuft solange, bis sie ein Tor erzielt. **Grundübung 4 gegen 2** (vgl. Abb. 85): 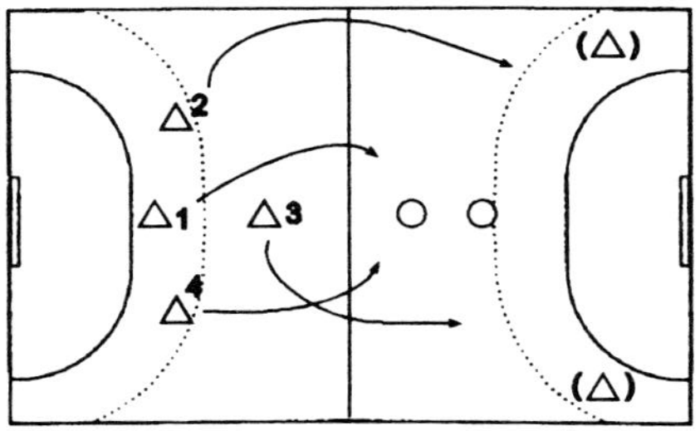 *Abb. 85* **Varianten:** • Es spielen zwei Verteidiger in der gegnerischen Hälfte. • Die zwei Nichtwerfer werden zu Abwehrspielern. Es kommt ein zusätzlicher Verteidiger hinzu.	Aufgabenstellungen beachten: Von 2, 3 und 4 besetzen zwei Spieler die Außenspuren. Sie sind die erste Welle. Die zwei anderen laufen in der Mittelspur die zweite Welle. Die Angreifergruppe wird durch zwei neutrale Anspieler auf LA und RA verstärkt.

UE	Aufwärmen	Unterrichtsinhalte „Gegenstoß"	Didaktisch – methodische Hinweise
8	**Übungsreihe „Prellen und Passen":** Zwei bis fünf Mannschaften plazieren sich hinter einer Linie. Auf Pfiff prellt je ein Spieler los. Hat er eine gegenüberliegende Linie überquert, dreht er sich um und wirft einen langen Paß auf einen der Mitspieler, der nach Fangen des Passes sofort losprellt. Sieger ist die Mannschaft, die zuerst alle Spieler hinter der gegenüberliegenden Linie versammelt hat. **Varianten:** • Veränderung der Entfernung. • Wechseln der Paßart. • mit einem „Störer" pro Gruppe. **Spielform „Vier-Tore-Handball":** Zwei Weichbodenmatten werden jeweils links und rechts von beiden Toren als Ersatztore aufgestellt, wobei die Neun-Meter-Linie als Wurfkreis fungiert. Es wird nach Handball-Regeln gespielt, allerdings kann jede Mannschaft auf zwei Tore werfen. TW-Wechsel nach jedem Torwurf.	**Grundspiel:** Gegenstoß 4 gegen 4 gegen 3 im Wechsel von drei oder fünf Mannschaften: **Grundübung 1:** Gegenstoß nach Spiel 3 gegen 4 plus 2 (vgl. Abb. 86). 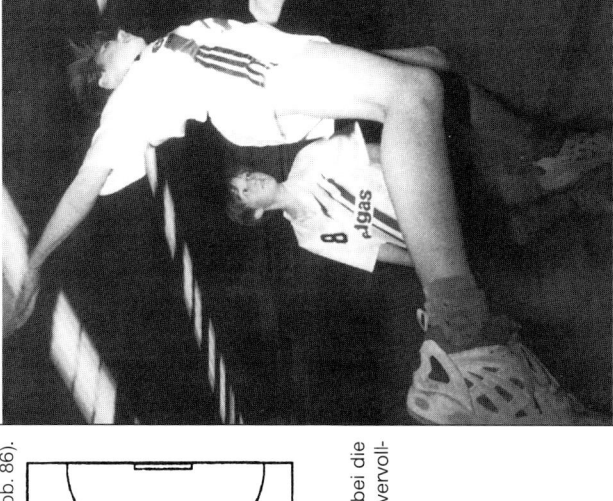 **Grundübung 2:** Gegenstoß nach Spiel 4 gegen 4 plus 2, wobei die Angreifergruppe durch einen Kreisspieler vervollständigt wird.	Organisation vgl. Spiel 3 gegen 2. Alle Angreifer stören die Gegenstoßentwicklung und laufen zurück.

UE	Aufwärmen	Unterrichtsinhalte „Gegenstoß"	Didaktisch – methodische Hinweise
9/10	**Übungsreihe: „Balltransport":** Es werden Zweiergruppen gebildet, die sich an einem Wurfkreis aufstellen. Sie spielen Transportpässe übers Spielfeld und schließen mit einem Torwurf ab. Am Spielfeldrand zurückgehen (vgl. UE 5, Aufwärmen). **Varianten:** • Wie Grundform, aber mit einem Spieler, der im Bereich der Mittellinie die Paßwege stört. • Wie Grundform, Abschluß aus einfachem Kreuzen. • Wie Grundform, die Laufwege der beiden Spieler gehen jedoch nach außen, so daß sich die Entfernung der beiden Spieler ständig vergrößert. Abschluß von den markierten Außenpositionen. • Wie vorherige Übung, jedoch mit einem oder zwei „Störern" (einer vor oder einer hinter der Mittellinie). **Spielform „Drei-Felder-Handball":** Das Handballfeld wird in drei gleich große Querfelder aufgeteilt. Zwei Mannschaften verteilen sich gleichmäßig auf diese drei Felder. Ziel ist, Bälle von einer Grundlinie zur anderen zu transportieren, wobei die Spieler das ihnen zugewiesene Feld nicht verlassen dürfen. Punkte können durch Ablegen der Bälle hinter der Grundlinie erzielt werden. **Varianten:** • Zunächst wird nur in eine Richtung gespielt. Gelingt es der angreifenden Mannschaft einen Ball abzulegen, wird sofort ein neuer Ball von hinten ins Spiel gebracht. Erobert die Abwehr einen Ball, wird dieser am Spielfeldrand abgelegt. • Ein neuer Ball wird ins Spiel gebracht, wenn der vorige sich im mittleren Feld befindet. • Ball wird nach dem Ablegen von der gegnerischen Mannschaft sofort in die andere Richtung ins Spiel gebracht. Dies gilt auch, wenn die Verteidigung einen Ball erkämpft. • Spiel mit Torwurf statt Ball ablegen. Spielerzahl sollte im mittleren Feld größer sein.	**Grundspiel 1:** „Spanischer Handball" auf ein großes Spielfeld oder mehrere kleine Querspielfelder. Je nach Spielfeldgröße sollten die Mannschaften zwischen drei und sieben Spieler umfassen (Abb. 87) Abb. 87 **Grundübung 1:** Gegenstoß aus dem 4 gegen 4 plus 2 als Wiederholung von UE 8. **Grundspiel 2:** Gegenstoß aus dem 4 gegen 4 plus 2 als „Drei-Ziele-Ball". Die angreifende Mannschaft versucht Tore zu erzielen; solange spielt sie im Angriff. Gelingt es der Verteidigung, ein Gegenstoßspiel zu entwickeln, hat sie drei Abschlußmöglichkeiten zur Auswahl (Abb. 88). **Grundspiel 2:** Handball 5 gegen 5 ohne Hinten-, Mitte- und Kreisspieler. 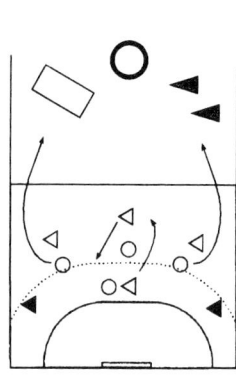 Abb. 88 **Zielspiel:** Freies Spiel 7 gegen 7 mit Sonderregeln.	Es wird Handball ohne Anspiel gespielt. Bei Querspielfeldern müssen entsprechende Vorkehrungen bezüglich Toren und Wurfkreisen getroffen werden. Als Tore können Matten, Kästen oder Kastenteile, Wandmarkierungen und vieles mehr verwendet werden. Zählweise: Tor der Angreifer = ein Punkt Gegenstoß in Matte = ein Punkt Gegenstoß in Reifen = zwei Punkte Gegenstoß als Paß durch ein Hütchentor = drei Punkte Aufgabenverteilung: 2, 3 oder 4 laufen erste Welle 1, 5 und der dritte Spieler laufen die zweite Welle. Aufgabenverteilung (s. o.) beachten! **Sonderregeln:** Maximale Paßanzahl vorgeben, Tor aus Gegenstoß erlaubt zweiten (Positions-)Angriff.

16 Handball als Unterrichtsinhalt im Lehrplan der Oberstufe und als Prüfungsfach im Abitur

Die Vorbereitung auf eine (Abitur-)Prüfung kann nur erfolgreich sein, wenn man weiß,

- was von den Prüflingen verlangt werden kann, d. h., welche Lehrplan- und Unterrichtsinhalte in welchem zeitlichen Rahmen in den vorausgegangenen Schuljahren unterrichtet wurden

und

- wie die Prüfung abläuft, d. h. in welcher Form und in welchem zeitlichen Rahmen diese Lehrplan- und Unterrichtsinhalte abgeprüft werden.

Überlegungen, die in dieser Richtung angestellt werden, erfordern deshalb von Lehrern, daß sie ihre Unterrichtsplanung einschließlich ihrer Prüfungsvorbereitung an den Bestimmungen des *Bildungsplans für das Gymnasium* und an den *Durchführungsbestimmungen für die praktische Abiturprüfung im Fach Sport* orientieren. Die folgenden Abschnitte befassen sich aus diesem Grund mit den genannten Dokumenten, wobei vor allem die die Mannschaftssportarten (Handball) betreffenden Passagen erwähnt und kommentiert werden sollen.

1 Der Bildungsplan für die Klassen 11–13

1.1 In Klasse 11 . . .

- wird der Sportunterricht *zweistündig* erteilt,
- werden Jungen und Mädchen im Sport *getrennt* unterrichtet,
- sieht der Bildungsplan
  a) einen *Pflichtbereich Sportbereich 1* mit den Individualsportarten Geräturnen, Gymnastik/Tanz, Leichtathletik und Schwimmen sowie den *Sportbereich 2* mit den Mannschaftssportarten Basketball, Fußball, **Handball** und Volleyball und
  b) einen *Wahlbereich (Sportbereich 3)* vor.

Dieser Wahlbereich kann etwa ein Drittel der zur Verfügung stehenden Unterrichtszeit einnehmen. Er ist „inhaltlich nicht festgelegt und soll dazu benutzt werden, die unterrichteten Sportarten zu üben und zu vertiefen, Defizite einzelner Schüler abzubauen und sie in weitere Betätigungsfelder einzuführen" (MKS 1994b, 35).

Geht man von dreißig Unterrichtswochen aus, so erhält man:

⇒ 20 Stunden für den Sportbereich 1 der Individualsportarten
⇒ 20 Stunden für den Sportbereich 2 der Mannschaftssportarten
⇒ 20 Stunden für den Sportbereich 3 des Wahlbereichs

- gibt der Bildungsplan lediglich den Rahmen vor. Die schulinterne Verteilung der Sportarten erfolgt durch die Fachkonferenz. Das folgende Beispiel soll diese Teilautonomie verdeutlichen: „In den Klassen 7 bis 11 sind von den *Mädchen* mindestens zwei Spiele durchgehend zu absolvieren. Bei den *Jungen* müssen mindestens drei Spiele ausgewählt werden, von denen pro Schuljahr mindestens zwei zu unterrichten sind." (MKS 1994b, 35). Aus diesen Vorgaben formte die Fachschaft Sport an unserer Schule bei den Elfer-Jungen folgenden schulischen Lehrplan:

⇒ Pflichtbereich: 10 Stunden Geräturnen, 10 Stunden Leichtathletik, 10 Stunden Handball, 10 Stunden Volleyball

⇒ Wahlbereich: 10 Stunden Basketball (durch Beschluß der Fachkonferenz verbindlich), 10 Stunden frei (als Vorschlag: Fußball)

Mit dieser Regelung verzichtete die Fachkonferenz bewußt auf einen größeren, vom Lehrplan ermöglichten Freiraum, um den Schülern eine vielseitige Grundausbildung und dadurch *eine größere Freiheit bei der Wahl der Grundkurse zu ermöglichen.* Dieses Vorgehen entspricht trotzdem den Intentionen des Bildungsplans. Er verlangt nämlich auch, daß die Schüler im Sportunterricht der Klasse 11 „an das Leistungsniveau der Kurse in den Jahrgangsstufen 12 und 13" (MKS 1994b, 580 ff.) herangeführt werden, wobei in den Mannschaftsspielen bereits erarbeitete technische Fertigkeiten und taktische Fähigkeiten mit erhöhten Anforderungen wiederholt und ein regelgerechtes Spiel praktiziert werden sollen.

An einer anderen Schule wäre es allerdings möglich gewesen, den Wahlbereich mit 20 Stunden Handball aufzufüllen, somit in Klasse 11 auf insgesamt 30 Stunden (die Hälfte der zur Verfügung stehenden Sportstunden) und zu einem *Sportprofil „Handball"* zu kommen, was aus unserer Sicht für die Mehrzahl der Schulen jedoch nicht realistisch ist.

1.2 Im Grundkurs 12 und 13 . . .

- wird der Sportunterricht *zweistündig* erteilt
- können Jungen und Mädchen *gemeinsam* unterrichtet werden
- müssen eine *Individualsportart,* eine *Mannschaftssportart* sowie *eine weitere Sportart aus dem Sportbereich 1 oder 2* unterrichtet werden. Die einzelne Schule legt durchgehende Kombinationen von Sportarten aus beiden Sportbereichen fest (vgl. MKS 1994b, 779). Die Schüler wählen aus diesem Angebot die ihnen am meisten zusagende Kombination aus.

steht wiederum ein Drittel des Unterrichts dem *Wahlbereich* zur Verfügung. Diese Zeit kann mit Üben, Vertiefen und dem Abbau von Defiziten oder der Einführung von höchstens zwei weiteren Sportarten ausgefüllt werden (vgl. MKS 1994b, 779).

1.3 Im Leistungskurs 12 und 13 . . .

- wird der Sportunterricht *fünfstündig* erteilt; vier Wochenstunden entfallen auf die Praxis, eine Stunde ist für Theorie vorgesehen,
- können Jungen und Mädchen *gemeinsam* unterrichtet werden,
- werden *sechs oder sieben Sportarten* in etwa gleichem zeitlichen Umfang betrieben,
- sind die *drei Individualsportarten* Leichtathletik, Schwimmen, Gerätturnen aus dem Sportbereich *1* sowie *zwei Mannschaftssportarten* aus dem Sportbereich 2 verbindlich,
- können *Handball* und *Basketball* als strukturähnliche Sportarten *nur* gewählt werden, wenn *zusätzlich* eine *dritte Mannschaftssportart* aus dem Sportbereich 2 betrieben wird.

Da für Schüler der Leistungs- und Grundkurse etwa die gleiche Stundenzahl pro Sportart zur Verfügung steht und sie in dieser Zeit identische Lehrplaninhalte zu absolvieren haben, legen sie beim Abitur gemeinsam die fachpraktische Prüfung in Sport ab.

2 Zur Notengebung in den Klassen 12 und 13

Grundlage der Notengebung in Klasse 12 und 13 sind ganz allgemein die Abiturrichtlinien, die jedes Jahr vom Ministerium für Kultus und Sport als *„Durchführungsbestimmungen für die praktische Abiturprüfung im Fach Sport"* herausgegeben werden. Sie sind bei den

Semesterprüfungen (Halbjahre) in angemessener Weise zu berücksichtigen (vgl. Mᴋs 1994b, 779 und 784). In den Mannschaftssportarten soll bei Prüfungen die spezielle Spielfähigkeit nachgewiesen werden. Dabei werden technische Fertigkeiten und taktische Fähigkeiten sowohl im regelgerechten Spiel, als auch in einer spielähnlichen Situation überprüft.

Zum besseren Verständnis dieser Anforderungen sei auf das Sportwissenschaftliche Lexikon verwiesen, wo sportliche *Technik* als die „zur Lösung einer bestimmten Aufgabe entwickelte rationale Bewegungsform" (Rᴏ̈ᴛʜɪɢ 1992, 316) definiert, *Taktik* dagegen als „die Fähigkeit des Sportlers, das eigene Verhalten so einzustellen, daß Vorteile im Hinblick auf das Wettkampfziel erreicht werden" (Rᴏ̈ᴛʜɪɢ 1992, 312), bezeichnet wird. Taktisches Verhalten „kann darauf gerichtet sein, als Angreifer durch eigenes Verhalten Vorteile gegenüber dem Wettkampfgegner zu erzielen oder (als Verteidiger) zu verhindern, daß der Wettkampfgegner Vorteile erzielt. Die Möglichkeiten taktischen Verhaltens sind durch den Ausprägungsgrad der Kondition, der sportlichen Technik und den psychischen Zustand des Sportlers begrenzt" (Rᴏ̈ᴛʜɪɢ 1992, 312).

Im Bereich der *Taktik* unterscheidet man weiter zwischen *Individualtaktik, Gruppentaktik und Mannschaftstaktik.*

- So wäre der richtig ausgeführte *Schlagwurf* (sportliche Technik) die Grundlage für die individualtaktische Entscheidung, den Ball bei einem hochspringenden Torwart als Aufsetzer zu werfen.
- Gruppentaktik ist das taktische Verhalten von *mehr als einem und weniger als sieben Spielern* in einer Spielsituation.
- Mannschaftstaktik umfaßt das taktische Verhalten einer Mannschaft zum Beispiel im Rahmen einer 1:5-Abwehrformation oder einer 3:3-Angriffsformation während eines regelgerechten Handballspiels.

Nun darf eine solche Systematisierung nicht zum Selbstzweck erfolgen, sondern sollte in engem Bezug zum Spiel, in unserem Falle aber vor allem zum Spiel in der Schule stehen. In diesem Zusammenhang ist der Begriff der *Spielsituation* zu klären: Im engen Sinne ist darunter eine Konstellation zu verstehen, die sich im Moment des Ballbesitzes durch einen Spieler aufgrund seiner Stellung und der seiner Mit- und Gegenspieler ergibt. Eine solche Situation ist immer auch eine Entscheidungssituation (vgl. Kᴏ̈ɴɪɢ 1991, 38 f.), die durch Technikauswahl bzw. Technikanpassung zu lösen ist. Da eine solche Spielsituation in der Spielpraxis aber nie isoliert betrachtet werden darf, wird der Begriff auch dafür verwendet, die gesamte Konstellation zu beschreiben, also beispielsweise als Spielsituation 3 gegen 3 plus zwei neutrale Außenspieler. Es handelt sich dabei um einen Ausschnitt aus einer 3:3-Angriffsformation *(Mannschaftstaktik),* in der das taktische Verhalten einer Gruppe von drei Rückraumspielern überprüft werden kann *(Gruppentaktik).*

Eine (zeitliche) Erleichterung stellt der Passus in den Durchführungsbestimmungen dar, daß die Überprüfung der individual- und gruppentaktischen Fähigkeiten zusammen erfolgen kann, wenn die Aufgabe eindeutig Beobachtungsschwerpunkte aus beiden Bereichen aufweist (vgl. Mᴋs 1995, 1). Damit darf in der Handballprüfung zum Beispiel in der Spielsituation „3 gegen 3 plus 2 auf ein Tor" neben dem taktischen Verhalten der drei Rückraumspieler auch das Abwehrverhalten des einzelnen beurteilt werden.

Wesentlicher Teil der Abitur-Prüfung in der Sportart Handball ist aber das *regelgerechte Spiel,* dessen Dauer in der Regel 2 × 15 Minuten nicht unterschreiten soll (vgl. MKS 1995, 2).

Eine Gewichtung der Prüfungsteile Spiel und Spielsituation ist in den Abiturrichtlinien nicht vorgegeben, doch dürfte unbestritten sein, daß der spielerischen Leistung des Prüflings auch vom zeitlichen Aufwand her das größte Gewicht zuzumessen ist und daß mit Hilfe der Spielsituation vor allem eine Feinabstimmung der Note erfolgen sollte. Entsprechend hat sich in der Praxis folgendes Verfahren bei der Notengebung in den Mannschaftssportarten durchgesetzt:

- Die Prüfung beginnt mit dem Spiel über 2 × 15 Minuten. Die Kollegen versuchen einzeln, in den ersten 15 Minuten einen Eindruck der speziellen Spielfähigkeit aller Prüflinge zu bekommen.

- Jeder stellt eine Rangfolge aller Prüflinge auf.

- Anschließend werden dieser Rangliste verschiedene Notenbereiche zugeordnet (Beispiel: „Dreierbereich" mit sieben bis neun Notenpunkten).

- In der Pause werden diese Aufzeichnungen verglichen, um dann im zweiten Durchgang auf der Grundlage der Meinungen den bislang gewonnenen Eindruck zu überprüfen und eventuell zu korrigieren.

- Nach Abschluß des Spiels sollte in einem weiteren Gespräch eine weitgehende Übereinstimmung erreicht werden, damit nach der ausgewählten Spielsituation, in der etwa gleichstarke Prüflinge zusammengefaßt werden, nur

noch geringfügige Änderungen der Endnote vorzunehmen sind.

Eine Zusammenstellung möglicher Spielsituationen im Handball (es sind durchaus andere Spielsituationen denk- und überprüfbar) findet sich im Anhang der Durchführungsbestimmungen (vgl. Tab. 18). Es handelt sich dabei ausschließlich um Spielsituationen, die in unserem Konzept der Spielvermittlung ab Klasse 8 schrittweise eingeführt und erarbeitet werden. Zudem werden für diese Situationen mögliche, für den weniger erfahrenen Handball-Lehrer nützliche Beobachtungsschwerpunkte bei der Beurteilung von Individual-, Gruppen- und Mannschaftstaktik genannt (vgl. Kapitel 13). Dabei können und sollen nicht alle dort genannten Kriterien auf einmal überprüft werden, da man sonst den Blick für das Wesentliche verliert. Den meisten Kollegen reicht zur Beurteilung der speziellen Spielfähigkeit im Handball ein relativ grobes Raster (vgl. die Beobachtungsschwerpunkte im Kapitel 13):

- Beobachtung der *technischen Grundfertigkeiten:* Kann der Ball sicher gefangen und abgespielt werden? Steht der Spieler richtig zum Gegner? Werden Würfe abgewehrt?

- Beobachtung der *taktischen Fähigkeiten* in Angriff und Abwehr sowie deren Effektivität: Wird die Lücke in der Abwehr zum erfolgversprechenden Wurf genutzt? Antizipiert der Spieler gegnerische Aktion, hilft er in der Abwehr aus?

- Beobachtung der Spielleistung über einen längeren Zeitraum: Kann diese über z. B. dreißig Minuten aufrechterhalten werden *(konditioneller Aspekt)?*

Tabelle 18: Mögliche Beobachtungsschwerpunkte in der gymnasialen Oberstufe bzw. in der Abitur-prüfung (MKS 1995, Anhang 2)

Aspekte der speziellen Spielfähigkeit	Spielsituation	Mögliche Beobachtungs-schwerpunkte
Individualtaktik	2 gegen 2 auf ein Tor oder 3 plus 1 gegen 3 ohne Tor	• Zuspiel • Ballaufnahme • Freilaufen • Stellungsspiel in der Abwehr • Ballführung • Lösen mit und ohne Ball • Täuschen • Durchbruch • Torwurf • Stören der Ballannahme und -abgabe • Herausspielen des Balles • Wurfabwehr
Gruppentaktik	4 gegen 4 auf ein Tor oder 3 plus 1 gegen 3 auf zwei Tore	• Nutzen von Durchbruchs-chancen • Nutzen von Torwurfchancen • Nutzen der Überzahlsituatio-nen • Umschalten von Abwehr auf Angriff und umgekehrt • Torwartverhalten Zusammenspiel in Angriff und Abwehr
Mannschaftstaktik	7 gegen 7	• Freiwurfvarianten • Spielen bekannter Angriffs- und Abwehrsysteme • Flexibilität in der Spielweise • situationsgerechtes Verhalten • Übernahme verschiedener Rollen im Angriff und in der Abwehr • kämpferischer Einsatz • mannschaftliches Verhalten • Spielübersicht • Spielspezifische Kondition

Abschließend gilt es noch, auf einen organisatorischen Aspekt hinzuweisen: Sollten Prüflinge verschiedener Schulen und Kurse – wie im Oberschulamtsbezirk Stuttgart – bei der praktischen Prüfung im Fach Sport zusammengefaßt werden, so ist – um die Vorbereitung zu optimieren – eine rechtzeitige Einigung über die geforderten sechs Vorschläge zur Überprüfung gruppentaktischer bzw. individualtaktischer Fähigkeiten (Spielsituationen) unabdingbar. Ideal wäre es, wenn die Prüflinge schon während des Semesters zusammen üben und spielen könnten. Zudem erleichtert eine solche (kollegiale) Kooperation die Leistungsbeurteilung und verringert mögliche Diskrepanzen zwischen Kurs- und Abiturnote.

Literaturverzeichnis

ADOLPH, H./HÖNL, M.: Integrative Sportspielvermittlung. Psychomotorik in Forschung und Praxis – Band 18. Kassel 1993.

BAUMBERGER, J.: Handball spielen lernen. Zürich 1990.

BENZ, J./EIGENMANN, P.: Hallenhandball. Aarau/Frankfurt am Main/Salzburg 1985.

BOGDAHN, A.: Möglichkeiten zum Erlernen des Sprungwurfes über eine Deckung. In: Praxis der Leibesübungen (1976) 8, 146.

BRAUN, R.: Koordinative Fähigkeiten im Sportspiel. In: Rebound – Organ des Basketballverbandes Baden-Württemberg (1992) 2, 26–30.

BUCHER, W. (Hrsg.): 1000 Spiel- und Übungsformen zum Aufwärmen. Schorndorf 1989.

CACHAY, K./DIGEL, H.: Handball. In: O. GRUPE (Hrsg.): Sport – Theorie in der gymnasialen Oberstufe. Sportartspezifische Beiträge/Teil II. Schorndorf 1981.

CZWALINA, C.: Spielideen und Grundsituationen von Sportspielen. In: sportpädagogik 8 (1984) 1, 22–24.

DEUTSCHER HANDBALLBUND (Hrsg.): Handball Handbuch Band 1: Spielen und Üben mit Kindern. Münster 1990.

DEUTSCHER HANDBALLBUND (Hrsg.): Handball Handbuch Band 2: Grundlagentraining für Kinder und Jugendliche. Münster ²1992 bzw. ³1995.

DEUTSCHER HANDBALLBUND (Hrsg.): Rahmentrainingskonzeption für Kinder und Jugendliche im Leistungssport. Dortmund 1994.

DIETRICH, K.: Fußball, spielgemäß lernen – spielgemäß üben. Schorndorf 1975.

DIETRICH, K.: Vermitteln Spielreihen Spielfähigkeit? In: sportpädagogik 8 (1984) 1, 19–21.

DÖBLER, H./MAINKA, H./WITT, A.: Zur Spielfähigkeit und zu Aspekten eines leistungswirksamen Spielverhaltens. In: Theorie und Praxis der Körperkultur 38 (1989), 5, 323–333.

DÖBLER, H.: Gesellschaftliche Bedeutung und Geschichte der Sportspiele. In: STIEHLER, G./KONZAG, I./DÖBLER, H.: Sportspiele. Berlin 1988, 13–43.

DONLON, P.: Eine Hilfe zur Objektivierung der Note für den Bereich der Sportspiele. In: Materialienheft für die Hauptschule 1986.

EHRET, A./SPÄTE, D.: Grundspiele „Hauptstraße" zur Spielfähigkeit. In: handballtraining 17 (1995) 2, 3–8.

EMRICH, A.: Handball in der Schule. Frankfurt am Main 1995.

FELDMANN, K.: Defence makes the difference. In: handballtraining 18 (1996b) 9/10, 51–63 (I) und 17 (1997) 1, 20–25 (II).

FELDMANN, K.: Wie schule und verbessere ich . . . das Erkämpfen des Balles? In: handballtraining 18 (1996a) 1, 25–29.

FREY, G.: Training im Schulsport. Schorndorf 1981.

FREY, G.: Einführung in die Trainingslehre. Teil 2: Anwendungsfelder. Schorndorf 1995.

GERIKE, G.: Ein Beurteilungsbogen als Grundlage für die Noten. In: sportpädagogik 4 (1980) 6, 50–51.

GETROST, V./WICHMANN, K.: Überzahl – Spielreihe. In: HAGEDORN, G./NIEDLICH, D./

SCHMIDT, G. J. (Hrsg.): Basketball – Handbuch. Reinbek 1996, 314–316.

GÖHNER, U.: Lehren nach Funktionsphasen. In: sportunterricht 24 (1975) 1, 4–8 (Teil 1) und 2, 45–50 (Teil 2).

GÖHNER, U.: Lehren nach Funktionsphasen. Referat anläßlich des ADL-Kongresses 1983 in Bielefeld.

HAGEDORN, G.: Spielen. Reinbek 1987.

HEINZMANN, F.: Zur Konstruktion von Anforderungsprofilen im Handball. Wissenschaftliche Arbeit für das Lehramt an Gymnasien im Fach Sportwissenschaft an der Eberhard-Karls-Universität Tübingen 1997.

HINKEL, M.: Überlegungen zur Einführung des Sprungwurfs im Handballspiel. In: Praxis der Leibesübungen (1978) 6, 105–106.

HOHMANN, A./BRACK, R.: Theoretische Aspekte der Leistungsdiagnostik im Sportspiel. In: Leistungssport 13 (1983) 2, 5–10.

INTERESSENSGEMEINSCHAFT KINDERSPORTSCHULE KiSS (Hrsg.): Lehrplan. Stuttgart 1994.

JEKER, M.: Spielerziehung in der Schweiz – oder rund um das Jugendtraining. In: handballtraining 12 (1990) 8, 41–47.

JOST, E.: Zensieren. In: sportpädagogik 4 (1980) 6, 13–19.

KLEIN, G.: Zum Angreiferverhalten im Handball. In: Information zum Training. Beiheft zum Leistungssport. Berlin 1978.

KOHL, K.: Über die „Zentrierung" im Sportspiel. Zur Diskussion des Begriffs Spielfähigkeit. In: HAGEDORN, G./ANDRESEN, R.: Allgemeine und sportspielspezifische Spielfähigkeit. Ahrensburg 1990, 42–48.

KÖNIG, S.: Ein neuer Lehrweg zum Sprungwurf. In: Lehre und Praxis des Handballspiels 3 (1981) 1, 17–20.

KÖNIG, S.: Bewegerentscheidungen im Sportspiel. Fakultät für Sozial- und Verhaltenswissenschaften. Tübingen 1991.

KÖNIG, S.: Zur Ausbildung einer spezifischen Spielfähigkeit Handball im Schulsport. In: HOSSNER, E. J./ROTH, K.: Sport – Spiel – Forschung. Hamburg 1997.

KÖNIG, S.: Zur Vermittlung von Spielfähigkeit in der Schule. In: sportunterricht 47 (1997) 11, 476–486 (a).

KÖNIG, S.: Basketball – Ein Vermittlungskonzept für die Schule. In: Lehrhilfen für den sportunterricht 47 (1997) 11, 161–169 (b).

KONZAG, I./KONZAG, G.: Anforderungen an die kognitiven Funktionen in der psychischen Regulation sportlicher Spielhandlungen. In: Theorie und Praxis der Körperkultur 29 (1980) 20–31.

KONZAG, I.: Handlungsregulation in den Sportspielen und Folgerungen für den Ausbildungsprozeß der Spielfähigkeit. In: HAGEDORN, G./ANDRESEN, R.: Allgemeine und sportspielspezifische Spielfähigkeit. Ahrensburg 1990, 49–59.

KOSEL, A.: Schulung der Bewegungskoordination. Schorndorf [3]1992.

KUHLMANN, D.: Wie führt man Spiele ein? In: BIELEFELDER SPORTPÄDAGOGEN: Methoden im Sportunterricht. Ein Lehrbuch in 13 Lektionen. Schorndorf [2]1993, 117–129.

KURZ, D.: Elemente des Schulsports. Grundlagen einer pragmatischen Fachdidaktik. Schorndorf [2]1979.

LANDESSPORTBUND NORDRHEIN-WESTFALEN (Hrsg.): Basketball – Rahmenkonzeption für Kinder und Jugendliche im Leistungssport. Düsseldorf 1995.

LANG, H.: Spielen, Spiele, Spiel. Schorndorf [2]1993.

LOIBL, J.: Genetisches Lehren im Basketball. In: HAGEDORN, G./NIEDLICH, D./SCHMIDT, G. (Hrsg.): Das Basketball-Handbuch. Reinbek 1996.

MARTIN, D. (Red.): Handbuch – Vielseitige sportartübergreifende Grundausbildung. Wiesbaden 1994, 205–228.

MIETHLING, W.-D.: Unterrichtsstörungen. In: sportpädagogik 17 (1993) 5, 14–23.

MINISTERIUM FÜR KULTUS UND SPORT BADEN-WÜRTTEMBERG: Elternjournal. (1994a) 2, 92.

MINISTERIUM FÜR KULTUS UND SPORT BADEN-WÜRTTEMBERG: Bildungsplan für das Gymnasium. Villingen-Schwenningen 1994b).

MINISTERIUM FÜR KULTUS UND SPORT BADEN-WÜRTTEMBERG: Durchführungsbestimmungen für die praktische Abiturprüfung im Fach Sport. Stuttgart 1995.

MÜLLER, H.-J.: Faszination Handball. In: DIGEL, H. (Hrsg.): Talente im Handball. Aachen 1993.

RIGAUER, B.: Konstruktion sozialen Handelns – Beitrag zu einem soziogenetischen Sportspielansatz. In: DIETRICH, K./LANDAU, G. (Hrsg.): Beiträge zur Didaktik der Sportspiele. Schorndorf 1977.

RÖTHIG, P. (Hrsg.): Sportwissenschaftliches Lexikon. Schorndorf 61992.

ROTH, K.: Taktik im Sportspiel. Schorndorf 1989.

ROTH, K.: Ein neues ABC für das Techniktraining im Sport. In: Sportwissenschaft 20 (1990) 1, 9–26.

SCHALLER, H.-J.: Untersuchung zur Struktur des Handballspiels auf funktionsanalytischer Grundlage. In: ANDRESEN, R./HAGEDORN, G.: Beobachten und Messen im Sportspiel. Theorie und Praxis der Sportspiele, Band 3. Berlin 1980, 185–203.

SCHOCK, K. K.: Überlegungen zu einem fähigkeitsorientierten Modell „Sportspielfähigkeit". In: HAGEDORN, G./ANDRESEN, R.: Allgemeine und sportspielspezifische Spielfähigkeit. Ahrensburg 1990, 32–41.

SCHWEIZERISCHER HANDBALLVERBAND (Hrsg.): Spielerziehung. Schwyz 1984.

SINGER, E.: Spielschule Handball. Stuttgart 21984.

SINGER, E.: Hallenhandball. Stuttgart 51983.

SPÄTE, D.: Gegenstöße mit Konzept. Handball Spezial Band 5. Münster 1984.

SPÄTE, D.: Deutsche Spielauffassung – eine Orientierungshilfe und Zielperspektive. In: handballtraining 18 (1996a) 8, 31–35.

SPÄTE, D.: Manndeckung. Unveröffentlichtes Manuskript. Münster 1996b.

SPÄTE, D./KLEIN, G. D.: Qualitative Spielanalyse im Handball. In: Lehre und Praxis des Handballspiels 2 (1980) 1, 3–7.

STEIN, H.-G./LANGHOFF, G./MEIER, R.: Handball. In: STIEHLER, G./KONZAG, I./DÖBLER, H.: Sportspiele. Berlin 1988, 326–387.

STIEHLER, G./KONZAG, I.: Leistungsstruktur und Handlungsregulation in den Sportspielen. In: STIEHLER, G./KONZAG, I./DÖBLER, H.: Sportspiele. Berlin 1988, 44–64.

STIEHLER, G. u. a.: Inhalt und Methodik der Grundausbildung in den Sportspielen. In: STIEHLER, G./KONZAG, I./DÖBLER, H.: Sportspiele. Berlin 1988, 65–154.

WILKE, G.: Das methodisch richtige Erlernen der Wurfarten. In: Lehre und Praxis des Handballspiels 4 (1982) 10, 8–21 (I) und 11, 8–12 (II).

ZELEWSKI, H.: Der Gegenstoß – „ein Stiefkind" des Grundlagentrainings? In: handballtraining 16 (1994) 7+8, 49–57 (Teil 1); 7 (1995) 2, 21–25 (Teil 2); 5, 12–16 (Teil 3); 6, 18–21 (Teil 4); 11, 11–15 (Teil 5).

ZÖLLER, H.: Einsatz eines Beurteilungsbogens. In: sportpädagogik 4 (1980) 6, 47–49.

Stichwortverzeichnis

Autoren

Andre, Heino, geb. 1939, Studiendirektor am Hohenstaufen-Gymnasium in Göppingen, Mitarbeiter in der Kommission „Schriftliches Abitur im Fach Sport" beim Ministerium für Kultus und Sport, verantwortlicher Fachberater für die Abiturprüfung im Fach Sport beim Oberschulamt Stuttgart, langjähriger Trainer von Jugendmannschaften.

Eisele, Armin, geb. 1947, Grund- und Hauptschullehrer an der GHS in Süßen, Diplom-Pädagoge, ehemaliger Handball-Nationalspieler, DHB-A-Lizenzinhaber, Vorsitzender der Verbandskommission für Kinder- und Jugendhandball im Handballverband Württemberg, Referent auf Trainer- und Lehrerfortbildungen, langjähriger Trainer von Handballmannschaften bis zur 2. Bundesliga.

Griesmeier, Jochen, geb. 1963, Diplom-Sportpädagoge, Leiter des Sportzentrums der TSG Eislingen, langjährige Lehrkraft am Institut für Sportwissenschaft in Tübingen, DHB-A-Lizenzinhaber, Referent auf Trainer- und Übungsleiterlehrgängen, Trainer von Handballmannschaften bis zur 2. Bundesliga.

Hoffmann, Ekke, geb. 1943, Grund- und Hauptschullehrer an der GHS Bad Urach, ehem. Lehrkraft an der PH Reutlingen, DHB-A-Lizenzinhaber, Bundestrainer der Juniorinnen von 1980–1983, Bundestrainer der Frauen von 1983–1988, 1995–1999 und seit 2001, Referent auf Trainer- und Lehrerfortbildungen. Bundesligatrainer beim VfL Waiblingen und beim VfL Sindelfingen.

Joppich, Wolfgang, geb. 1950, Grund- und Hauptschullehrer an der Schillerschule in Eislingen, DHB-A-Lizenzinhaber, Referent in der Trainer- und Lehrerfortbildung, Trainer von Handballmannschaften bis zur Regionalliga.

König, Stefan, Dr. rer. soc., geb. 1959, Akademischer Direktor am Institut für Sportwissenschaft in Tübingen, 1985–1995 Studienrat für Sport, Englisch und Psychologie am Rechberg-Gymnasium in Donzdorf, DHB-A-Lizenzinhaber, Referent auf Trainer- und Lehrerfortbildungen, Trainer von Handballmannschaften bis zur 2. Bundesliga.

Zentgraf, Karen, geb. 1972, Studium der Sportwissenschaft und Medizin, Teilnehmerin an der Leichtathletik-EM 1989 und WM 1990 der Juniorinnen, Deutsche Jugendmeisterin 1990 (Hochsprung, 7-Kampf), aktive Volleyballspielerin, Mitarbeiterin am Institut für Sportwissenschaft in Gießen im Bereich Leichtathletik und Sportspiele.